Uli Bott

Stressfrei und gelassen

Professionalität
im Kita-Alltag

HERDER

FREIBURG · BASEL · WIEN

© Verlag Herder GmbH, Freiburg im Breisgau 2017
Alle Rechte vorbehalten
www.herder.de

Covermotiv: fotolia / Gulsen Gunel
Grafiken Innenteil: fotolia / Gulsen Gunel
Gesamtgestaltung und Satz: Uwe Stohrer, Freiburg

Herstellung: Graspo CZ, Zlin
Printed in the Czech Republik

ISBN (Print) 978-3-451-37860-7
ISBN E-Book (PDF) 978-3-451-81165-4

Inhalt

Einleitung 9

1   Ein großes Herz mit sich selbst haben – auf dem Weg zum eigenen Glück 12

1.1   Glück im Job beginnt bei mir 16

Wir haben es selbst in der Hand 18

„Glücklich sein" ist ein Prozess 20

„Glücklich sein" erfordert Sinn 22

Gute Gefühle machen glücklich 23

1.2   Die Macht der Eigenverantwortung 25

Selbstreflexion und Selbstmanagement 26

Die Bedeutung neuer Ziele 29

Die Kraft der Entscheidung 33

Vom Standhalten und Dranbleiben 35

Wie Lernen funktioniert 37

1.3   Bye-bye Selbstzweifel 45

Wie Selbstzweifel entstehen 45

Die Kraft der Dankbarkeit 48

Vom Mut, Fehler zu machen 51

Die Kraft, die Welten verändert 52

Kraftvoll der inneren Stimme / Melodie folgen 55

1.4	Gelassenheit durch Achtsamkeit	57
	Die Kraft der Gefühle	57
	Unsere Gefühle entstehen in uns	64
	Die Kraft unserer Gedanken	67
	Warum so viele Gedanken unbewusst sind	69
	Das Geschenk des inneren Raumes	71
2	**Der eigenen Intuition vertrauen – neue Sichtweisen zulassen**	**74**
2.1	Beziehungslust statt Förderfrust	75
	Kindheit früher – Kindheit heute	76
	Im Spannungsfeld zwischen Geborgenheit und Freiheit	77
	Die Balance zwischen Verbundenheit und Autonomie unterstützen	80
	Kinder entwickeln soziales Verhalten, wenn ihre Bedürfnisse gesehen werden	81
2.2	Großziehen oder wachsen lassen?	86
	Mit Begeisterung lernen	86
	Warum „Wachsenlassen" oft schwerfällt und wie es leichter gehen kann	91
	Unsere Reaktion – eine eigene Entscheidung	95
2.3	Miteinander statt gegeneinander	98
	Wann und wie entsteht das Gefühl der Zugehörigkeit?	100
	Mit Kindern gute Beziehungen gestalten	104

2.4 Das einzigartige Potenzial in jedem Kind entdecken 117
    Durch Kritik wird niemand besser 118
    Trennung von Tat und Täter 121
    Dienstleistung kommt von dienen.. 124
    Die Kraft der Selbstwirksamkeit 125

3   Die eigene Kraft nutzen – 10 Power-Tipps für den Alltag............. 128
3.1 Entspannt durch Lächeln und Lachen 129
3.2 Bewusst atmen.. 131
3.3 Positiver Blick durch Spiegelarbeit... 132
3.4 Immer wieder wichtig: Dankbarkeit 132
3.5 Frieden beginnt bei mir 133
3.6 Einfach nur genug Wasser trinken... 134
3.7 Entspannt durch Klopfen 135
3.8 Der Rosarote-Brille-Trick 137
3.9 Der Gute-Gefühle-Turbo 138
3.10 Gute Gefühle schenken... 139

Literatur 141

Einleitung

Liebe Leserin, lieber Leser,

Sie halten ein Buch in Händen, in dem Sie als pädagogische Fachkraft im Mittelpunkt stehen. Ein Buch, das einmal nicht die Kinder in den Fokus nimmt, sondern das Wohlbefinden der Erwachsenen, die mit ihnen arbeiten. Denn: Nur, wenn es Ihnen selbst gut geht, können Sie auch gute Arbeit leisten.
Pädagogische Fachkräfte stehen heute vor großen Herausforderungen. Zum einen aufgrund der organisatorischen und strukturellen Rahmenbedingungen, zum anderen aber auch bedingt durch die mannigfaltigen Vorstellungen und Ansprüche, wie kleine Kinder bestmöglich auf ihr weiteres Leben vorbereitet werden können. Die Vielzahl der Konzepte, der Bildungsanspruch und die Qualitätsdebatte haben im Alltag mancherorts dazu geführt, dass pädagogische Fachkräfte sich unsicher sind, wie sie ihren verantwortungsvollen Beruf erfolgreich ausüben können, und sich fragen: Wie sollen wir das denn alles schaffen?
Gehören Sie auch zu den Fachkräften, die trotz aller Herausforderungen und Schwierigkeiten jeden Tag aufs Neue ihr Bestes geben, um kleine Kinder gut in ihr Leben zu begleiten, und mit Geduld, Einsatz und Herzlichkeit für die kleinen Menschen sorgen? Dann möchte ich Ihnen zunächst einmal von ganzem Herzen Danke sagen.
Mit Ihrer wertvollen Arbeit legen Sie den Grundstein für unsere Welt von morgen. Das ist eine großartige Aufgabe, die zugegebenermaßen ganz schön kräftezehrend sein kann. Deshalb ist dieses Buch als Impulsgeber zu verstehen und möchte Ihnen Anregungen bieten, wie der Beruf für Sie erfüllend und attraktiv sein und bleiben kann.
So finden Sie im Folgenden auch keine Ratschläge im Sinne von „Tue dieses, tue jenes". Denn auch Ratschläge sind Schläge, sagt ein bekanntes Sprichwort, und hinterlassen nur selten ein gutes Gefühl. Ist es jedoch nicht gerade

dieses gute Gefühl, wonach wir uns alle sehnen? Wer wünscht sich nicht Zuspruch, Anerkennung und Wertschätzung und teilt dieses Bedürfnis vermutlich mit allen anderen Menschen. Gerade in belastenden Arbeitssituationen ist dieser Wunsch besonders ausgeprägt – zumindest ist dies die Rückmeldung, die ich immer wieder von meinen Seminarteilnehmerinnen und -teilnehmern bekomme.

Menschen leben, lachen und wachsen im Miteinander. Ich bin fest davon überzeugt: Wenn die Erzieherinnen und Erzieher glücklich sind, geht es den Kindern gut!

In diesem Buch geht es darum, Wege zu finden, wie Sie selbst Ihr Glück in die Hand nehmen und einen erfüllten Arbeitsalltag mit und trotz der stetig wachsenden Anforderungen und Herausforderungen erleben können.

In meiner Fortbildungstätigkeit habe ich für die Begleitung auf diesem Weg den **pädagogischen Dreiklang** entwickelt. Wer seinen (Berufs-)Alltag verändern und verbessern, als glückbringender erleben will, benötigt zunächst die persönlichen Kompetenzen dazu. Das ist der Ausgangspunkt des pädagogischen Dreiklangs: die persönliche Weiterentwicklung unter der Fragestellung, wie man sein Leben selbst in die Hand nehmen und es eigenverantwortlich steuern kann. Die zweite Ebene bezieht sich auf eine Weiterentwicklung der pädagogischen Haltung. Durch frische Impulse lassen sich Perspektiven entwickeln und einnehmen, die neue Spielräume ermöglichen. Und schließlich benötigen Sie praktische Fertigkeiten, um in Ihrem Alltag Veränderungen auch konkret umsetzen zu können. Diese Hilfsmittel machen die dritte Ebene aus.

Die drei Teile des vorliegenden Buches orientieren sich an diesem pädagogischen Dreiklang. Der **erste Teil** bietet Ihnen Impulse für Ihre persönliche Weiterentwicklung, unterstützt durch neue Fragen und Sichtweisen im Rahmen der Selbstreflexion. Im **zweiten Teil** geht es um die Weiterentwicklung der pädagogischen Haltung und vor allem um Anregungen zum Perspektivwechsel. Abschließend wird im **dritten Teil** ein buntes Potpourri

sofort umsetzbarer Methoden vorgestellt, mit denen die gewonnenen Erkenntnisse in die eigene Arbeit und in den Alltag integriert werden können. In jedem Kapitel finden Sie zudem Beispiele, Reflexionsfragen, Tipps zum Ausprobieren und Checklisten. Mit deren Hilfe können Sie die Inhalte direkt auf Ihr eigenes Erleben übertragen.

Das Buch möchte außerdem einen kleinen Beitrag dazu leisten, dass Sie sich daran erinnern, weshalb Sie Erzieherin oder Erzieher geworden sind, und Ihre Motivation für diesen wunderbaren Beruf wieder neu entdecken oder auffrischen können. Und vor allen Dingen, dass Sie Ihr Glück wieder fühlen, einen der tollsten Berufe der Welt gewählt zu haben. Denn gibt es etwas Schöneres, als kleine Kinder beim Großwerden begleiten zu dürfen?

Viel Spaß beim Lesen und Erfolg beim Umsetzen der Impulse wünscht

Ihre Uli Bott

1. Ein großes Herz mit sich selbst haben — auf dem Weg zum eigenen Glück

In diesem Kapitel beschäftigen wir uns mit der ersten Ebene des pädagogischen Dreiklangs. Hier geht es nur um Sie und die Frage, wie Sie für sich selbst sorgen und was Sie tun können, um gesund und glücklich zu bleiben. Natürlich wissen wir alle, dass die Rahmenbedingungen im pädagogischen Alltag besser sein könnten. Anstatt sich diesem Gedanken auszuliefern, verfolgt dieses Buch jedoch eine grundlegend andere Idee, nämlich den Ansatz der Selbstfürsorge. Damit wir uns nicht falsch verstehen: Es geht keineswegs darum, die Rahmenbedingungen schönzureden. Im Zentrum steht vielmehr die Frage, wie Sie durch eine veränderte Sichtweise neue Motivation finden und trotz allem einen für Sie persönlich positiven, entspannteren Alltag erleben können.

Ursache für die Erschöpfung, die in vielen Kita-Teams seit einigen Jahren zu beobachten ist, sind einerseits die steigenden Anforderungen im Kita-Alltag: Verlängerte Öffnungszeiten, die Ausweitung der Betreuung unter Dreijähriger und der Ganztagsbetreuung sind nur einige der strukturellen Veränderungen, mit denen Kitas in den letzten Jahren konfrontiert werden. Dadurch sind viele Teams auch beachtlich gewachsen. Das erfordert mehr und andere Absprachen, Schichtdienste und eine veränderte Zusammenarbeit. Dass dafür in den seltensten Fällen genügend Zeit zur Verfügung steht, gehört mit zu den Herausforderungen dieses Berufsfelds.

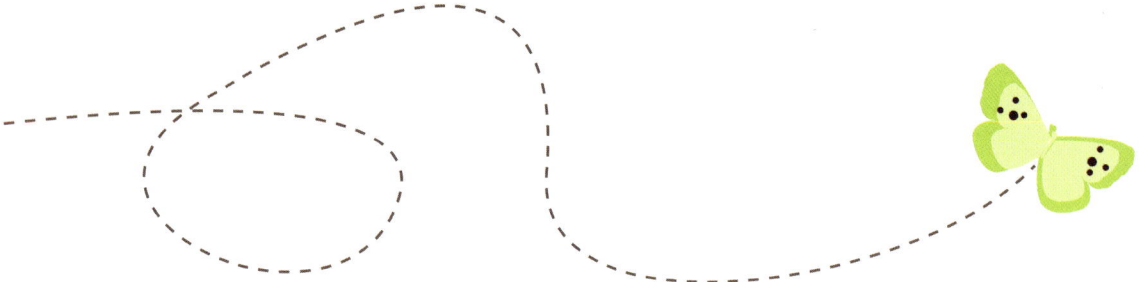

Der sprichwörtliche Schuh drückt jedoch noch an einer ganz anderen Stelle: Damit ist der Mangel an Anerkennung für die Arbeit der Erzieherinnen und Erzieher gemeint. Immer, wenn ich diesen Standpunkt in meinen Vorträgen und Workshops vertrete, geht ein Raunen durch den Raum, und Erleichterung macht sich breit: Endlich spricht es jemand aus! Dabei leisten pädagogische Fachkräfte jeden Tag so viel Wertvolles und versuchen, die Bedürfnisse von Kindern, Eltern und allen anderen Beteiligten im System Kita zu erfüllen.

Letztlich wollen wir alle gute Arbeit leisten, und gleichzeitig haben wir von klein auf gelernt, dass wir uns Anerkennung verdienen müssen. So haben wir die Erfahrung gemacht, dass es Verhaltensweisen gibt, die angesehener oder wertvoller zu sein scheinen als andere, und erleben, dass wir mehr Bestätigung bekommen, wenn wir bestimmte Leistungen erbringen. Weil wir Menschen positive Rückmeldungen lieben, strengen wir uns an und geben alles, um möglichst viele der in uns gesteckten Erwartungen zu erfüllen. Einfach, weil wir gut sein wollen.

Dabei definieren wir uns in der Regel jedoch nicht über unsere Stärken oder Leistungen, sondern über den Vergleich mit anderen, und versuchen daraus, die ersehnte Bestätigung zu ziehen. Das gelingt gut, solange wir uns auf der Sonnenseite des Lebens wähnen und zuversichtlich sind, dass wir den Wettbewerb gewinnen können. Allerdings hat diese Dynamik einen hohen Preis: Wenn wir nämlich den Eindruck erhalten, dass wir die ersehnte Anerkennung nicht bekommen, strengen wir uns mehr und mehr an. Und das kann mit der Zeit zur Erschöpfung mit all ihren negativen Folgen führen.

Entscheidend ist, dass wir hier etwas Grundlegendes übersehen: Ob und wann wir uns gut fühlen, liegt vor allem an uns selbst. Wir bestimmen, ob wir uns vom Feedback und der Anerkennung anderer abhängig machen oder uns aus uns selbst heraus gut fühlen wollen.

Statt die Anerkennung im Außen zu suchen, könnten wir beginnen, wieder liebevoller mit uns und anderen umzugehen. Wir können uns an Kleinigkeiten erfreuen und das halbvolle statt das halbleere Glas sehen. Und wir können lernen, uns selbst zu mögen – nicht, weil wir in erster Linie etwas leisten, sondern weil wir etwas sind: ein einzigartiger Mensch, unterwegs auf seiner ganz eigenen Lebensreise mit der besonderen Aufgabe, kleine Menschen auf ihrem Weg ins Leben zu begleiten. Dann können wir um ein Vielfaches entspannter sein, weil wir im Einklang mit unserer inneren Stimme handeln. Diese Haltung ist bereits der erste Schritt hin zu mehr Gelassenheit. Denn: Glück im Job beginnt bei jedem selbst.

1.1. Glück im Job beginnt bei mir

*Glücklich wird der Mensch
durch die Bestätigung seiner eigenen Kräfte.*
Erich Fromm

Der Begriff Glück wird abgeleitet von dem mittelhochdeutschen Wort „Gelücke", das Gelingen bedeutet. Gelingen meint, etwas zur eigenen Zufriedenheit zu tun – zu mögen, was man tut. Glücklich zu sein bedeutet also, dass es uns gelingt, das zu mögen, was wir tun. Dass wir stolz auf uns selbst und überzeugt sein können von dem, was wir tun. Dann entsteht in uns dieses tiefe, innige Wohlgefühl: nämlich Glück.

In einer Kita oder Krippe zu arbeiten kann eine Freude sein. Jeden Tag bedeutsam für diese kleinen Menschen zu sein und sie auf ihrem Weg begleiten zu können, ist großartig. Vielleicht waren dies auch bei Ihnen Gründe dafür, diesen Beruf zu wählen? Denn niemand wird schließlich „aus Versehen" Erzieherin oder Erzieher. Wir alle haben oder hatten einen Traum, waren begeistert und inspiriert von der Arbeit mit Kindern. Allerdings gehen Träume in der tagtäglichen Hektik manchmal verloren. Wie ist das bei Ihnen? Können Sie Ihre Begeisterung noch spüren? Jeden Tag oder nur noch manchmal? Oder ist das, was ehemals Freude war, einer latenten Erschöpfung gewichen?

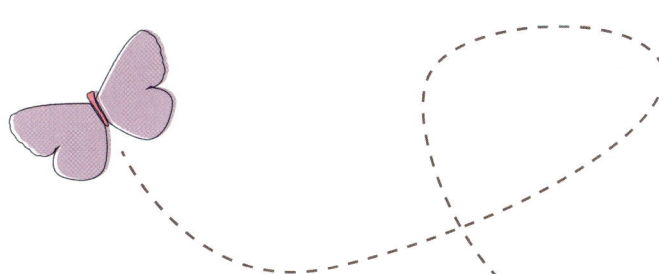

> **Standortbestimmung**
> Nehmen Sie sich einen Augenblick Zeit, um in sich hineinzuhorchen, und markieren Sie bitte auf einer Skala von 0 bis 10, wie glücklich Sie momentan in Ihrem Job sind:
>
> 0 = unglücklich   superglücklich = 10
>
> 0 — 1 — 2 — 3 — 4 — 5 — 6 — 7 — 8 — 9 — 10

Ich bin fest davon überzeugt, dass es den Kindern in der Kita nur dann wirklich gut gehen kann, wenn auch die Erwachsenen, die mit ihnen arbeiten, glücklich sind. Denn nur so kann eine liebevolle, wohltuende und entwicklungsfördernde Atmosphäre entstehen. Auch oder gerade im Job gilt zudem, dass nur ein förderliches und positives Umfeld langfristig gesundheitserhaltend ist.

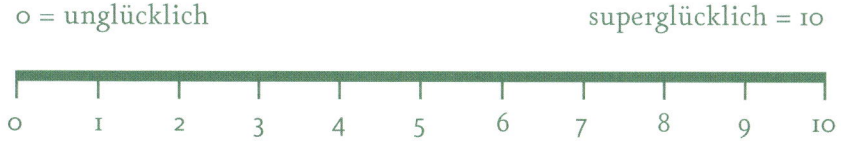

Der Organisationsberater Sebastian Purps-Pardigol überträgt in seinem Buch „Führen mit Hirn" (2015) die Erkenntnisse der modernen Hirnforschung und Psychologie auf den Unternehmensalltag. Er verweist unter anderem auf eine Studie von Carr und Walton an der Stanford University, in der gezeigt werden konnte, dass Menschen, die in einem funktionierenden Team zusammenarbeiten, eine um 50 Prozent höhere Leistungsbereitschaft haben und um 33 Prozent weniger erschöpft sind als diejenigen, die unter ungünstigen emotionalen Bedingungen arbeiten. Je unterstützender und wohlwollender Menschen zusammenarbeiten, desto besser funktioniert der Alltag.

Und mit anderen zusammenarbeiten können wir umso besser, je wohler und stärker sich jeder Einzelne fühlt. Dann geht die Arbeit leichter von der Hand. Wenn dagegen zum Beispiel eine Kollegin schon gestresst in den Tag startet, kommt es viel schneller zu Konflikten.

Wir haben es selbst in der Hand

Kennen Sie das auch? Krankheitsbedingt ist nur ein Teil des Personals im Haus und dennoch klappt alles weitgehend reibungslos. Das ist im Grunde merkwürdig, oder? Und ein Zeichen dafür, dass erfolgreiches Arbeiten weniger von den äußeren Bedingungen abhängig ist, als wir oft denken.

Wenn wir die Ursache für unser Glück oder Unglück jedoch im Außen suchen, sind und bleiben wir von diesen Faktoren abhängig. Nur wenn dieses oder jenes – unabhängig von uns selbst – passiert, können wir glücklich sein. Wir geben sozusagen unser Glück aus der Hand. Da wir jedoch selten direkten Einfluss auf die äußeren Faktoren haben, bleiben wir gestresst oder unglücklich und bemerken unter Umständen gar nicht, wenn sich etwas zum Besseren entwickelt.

Deshalb wollen wir hier gemeisam folgenden Fragen nachgehen:

Was können Sie an sich selbst und in Ihrem Leben verändern, um glücklicher und zufriedener zu sein? Wie möchten Sie mit Kindern arbeiten, damit die gemeinsame Zeit Freude macht? Wann fühlen Sie sich inspiriert? Was können Sie für sich selbst tun, um Ihre Batterien wieder aufzuladen? Was brauchen Sie, um Ihre Träume neu zu beleben?

> **Zum Nachdenken**
> Überlegen Sie bitte ein paar Minuten, was Glück für Sie bedeutet und was Sie glücklich macht:
> - Was sind Ihre persönlichen Glücksmomente?
> - Wovon können Sie noch lange zehren?
> - Womit füllen Sie Ihren „Glücksrucksack" am liebsten?

Wie wir Glück für uns definieren, hängt ganz wesentlich davon ab, was wir als Kind darüber erfahren haben. Von unseren Eltern haben wir gelernt, welche Erlebnisse glücklich machen, weil wir es an ihren Gesichtern ablesen konnten. Anfangs waren die Eltern glücklich, dass wir da waren. Das nennen wir bedingungslose Liebe. Und später, nach dem Kleinkindalter, haben wir erfahren, dass Liebe – und damit Glück – an bestimmte Verhaltensweisen gekoppelt ist. Wir konnten Glück erleben, wenn wir die Erwartungen der Eltern und Lehrer erfüllt haben. Wir haben den glücklichen Ausdruck in den Augen der Eltern gesehen, wenn wir mit einer guten Note nach Hause kamen oder nett zum kleinen Bruder waren. Diese Reaktionen auf unser Verhalten wurden zu einem fortwährenden Antrieb. Denn das wichtigste Bedürfnis des Menschen ist der Wunsch nach Zugehörigkeit und Gemeinschaft. Nichts wünschen wir uns mehr, als uns zugehörig, anerkannt und geliebt zu fühlen.

Viele Erzieherinnen und Erzieher, die ich im Rahmen meiner Fortbildungen treffe, versuchen, die Erwartungen aller zu erfüllen: die der Eltern, des Trägers, die Erwartungen der Schule, der Gesellschaft, der Kinder und letztlich auch noch die eigenen Erwartungen. Sie leben mit dem Gefühl des Nie-genug-Seins und des Das-ist-ja-nicht-zu-schaffen. In ihrem Streben nach Glück versuchen sie, so viele Erwartungen wie möglich zu bedienen. Dabei wird Glück als ein Gefühl betrachtet, das dann entsteht, wenn wir positive Rückmeldungen von Menschen bekommen, die für uns wichtig und bedeutsam sind. In solchen Momenten spüren wir, dass wir gut sind, so wie wir sind. Und weil wir dieses Glücksgefühl lieben, strampeln wir uns ab – immer auf der Suche nach ein bisschen Wertschätzung oder Anerkennung.

Wenn sich die Anerkennung trotz aller Anstrengung nicht einstellen will, schlagen wir häufig einen anderen Weg ein. Auch dieser ist erlernt und fest in unseren Verhaltensmustern verankert: Wir regen uns über andere Menschen auf oder stören uns an Verhaltensweisen, die nicht unseren eigenen Vorstellungen entsprechen. Durch die Kritik oder Abwertung anderer wird versucht, das eigene Selbstwertgefühl zu stärken. Dadurch entsteht ein Wettstreit, in dem wir gegeneinander kämpfen, anstatt uns gemeinsam den Herausforderungen des Alltags zu stellen.

Aber wollen wir solch ein „Gegeneinander" wirklich – für uns, für die Kinder von heute und für unsere Welt von morgen? Wissen wir nicht schon lange, dass das niemandem gut tut?

„Glücklich sein" ist ein Prozess

Wir denken, irgendwann kommen wir an, erreichen unser Ziel und unser Glück. Wenn das Sommerfest ein Erfolg wird, wenn die Schulkinder verabschiedet sind, wenn die Eingewöhnung geklappt hat, dann wird alles gut … Doch häufig geht dieser Kreislauf dann wieder von vorne los, und wir reagieren frustriert. Warum eigentlich? Haben wir vielleicht im Laufe der Jahre verlernt, unser Tun zu mögen? Schauen wir, während wir den Weg entlanghasten, vielleicht zu sehr auf das Ziel und haben den Blick für die vielen kleinen, freudvollen Momente verloren?

In unserem Alltag verbinden wir Glück häufig mit bestimmten Ergebnissen, die wir in der Zukunft erzielen wollen. Dabei übersehen wir, dass wir immer im Jetzt, in der Gegenwart leben. „Glücklich sein" ist als Prozess zu begreifen, das heißt, wir können im Tun glücklich sein, aber Glückszustände weder für die Zukunft erreichen noch aus der Vergangenheit konservieren.

Dass viele Menschen sich schwer damit tun, glücklich zu sein, lässt sich auch dadurch erklären, dass sich im Laufe des Lebens der innere Antrieb

verändert. Aus der ursprünglichen Lernmotivation wird die Leistungsmotivation. Anders formuliert: Aus der intrinsischen Motivation wird die extrinsische Motivation.

Was genau ist unter diesen Begriffen zu verstehen? Ein intrinsisch motivierter Mensch wird von seiner Begeisterung für eine Aufgabe angetrieben. Er erlebt Glück im Tun. Wenn zum Beispiel ein Kind mit Hingabe und in völliger Versunkenheit ein Bild malt, das Ergebnis aber als zweitrangig empfindet, dann ist es intrinsisch motiviert und erlebt folglich Glück im Tun.

Extrinsisch motiviert zu sein bedeutet dagegen, dass das zu erreichende Ziel im Vordergrund steht. Bei extrinsisch motivierten Menschen entsteht Glück, wenn ein vorgegebenes Ziel erreicht wird. Ein Kind malt ein Bild, zeigt das Ergebnis und bittet um positive Rückmeldung: „Hab ich das nicht schön gemalt?" Dieses Kind wird durch die Reaktion anderer auf ein erreichtes Ziel – also von außen – motiviert.

Zu Beginn ihres Lebens sind Kinder in der Regel intrinsisch motiviert, erst im Laufe ihrer Entwicklung kommt die extrinsische Motivation hinzu. Deshalb ist es auch gar nicht so einfach, Kinder zu motivieren, zum Beispiel ein Bild für die Mama zum Muttertag zu malen, selbst wenn das Kind eigentlich gerne malt. Kinder haben Freude am Malen, am Tun an sich – das Ergebnis „Bild für Mama" motiviert kleine Kinder häufig nicht. Wir Erwachsenen hingegen haben oftmals nur noch das Ziel im Blick. Wir eilen von einem Vorhaben zum nächsten und nehmen uns kaum die Zeit, die Zwischenschritte zu feiern oder den Weg selbst zu genießen.

Indem wir uns gezielt auf Kleinigkeiten im Alltag fokussieren, können wir unsere intrinsische Motivation wiedererwecken und so Glück im Tun erfahren.

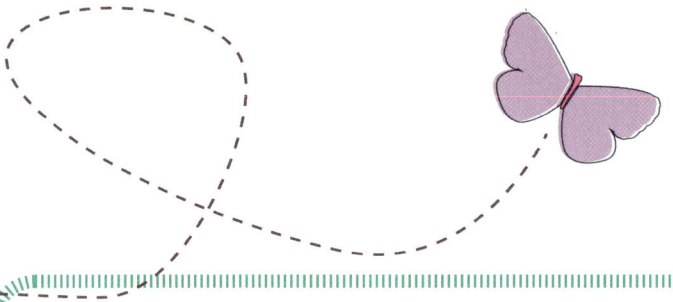

> **Bewusst werden**
>
> Notieren Sie bitte jede Woche drei Dinge, die Ihnen gelungen sind. Fragen Sie sich: Woran merke ich, dass ich erfolgreich war? Schreiben Sie Ihre Erfolge auf und beobachten Sie sich selbst dabei, wie sich Ihre Stimmung dadurch verändert.

„Glücklich sein" erfordert Sinn

Glück bedeutet, dass wir unser Tun als gelungen erleben. Und dazu müssen wir es als sinnhaft empfinden. Wir wollen bedeutsam sein, mit unserem Einsatz einen Beitrag zum Gelingen unserer Welt leisten. Wir müssen überzeugt sein, dass wir mit unserer Arbeit Gutes tun.

Auch wenn „Glücklich sein" bei uns selbst beginnt, kennen wir doch alle Situationen, in denen es manchmal nicht so leicht ist, mit uns und unserem Tun zufrieden zu sein. Dann tut es einfach gut, wenn andere Menschen da sind, die auf uns vertrauen, uns bestärken und an uns glauben. Gemeinsam mit anderen auf ein Ziel hinzuarbeiten, kann ein wahrer Glücksbooster sein. Im Team gemeinsame Ziele zu verfolgen verschafft uns die Gewissheit, dass unser Tun sinnvoll ist. Wenn wir uns gegenseitig unterstützen und jeden Tag daran arbeiten, ein bisschen besser zu werden, wird es uns immer leichter fallen, ein glückliches Leben zu führen. Dann gelingt es uns, unseren Lebensrucksack mit vielen Glücksmomenten zu füllen.

> **Sinn erleben**
> Bitte überlegen Sie: Wann empfinden Sie Ihr Tun als sinnhaft? Haben Sie schon einmal erlebt, dass gemeinsame Ziele motivieren und glücklich machen?

Gute Gefühle machen glücklich

In meiner praktischen Beratungstätigkeit erlebe ich, dass manche Erzieherinnen und Erzieher unter dem Druck der vielfältigen Anforderungen ihre Ziele und Visionen aus dem Blick verloren haben und nur noch wenig Bestätigung aus ihrer Arbeit ziehen können. Die vielen Erwartungen können zu Verunsicherung führen und das Gefühl, wertvolle Arbeit zu leisten, blockieren.

Die einen fühlen sich bedrückt oder überlastet, andere ärgern sich schlichtweg. Automatisch übernehmen dann die negativen oder unangenehmen Gefühle die Regie, und eine Dynamik wird in Gang gesetzt, bei der gute Gefühle immer rarer werden. Wir mögen in der Folge immer weniger, was wir tun, und erleben somit auch deutlich weniger Glücksmomente. Dabei wissen wir doch längst, dass gute Gefühle glücklich machen. Wir müssten uns folglich nur gut fühlen, dann wären wir auch glücklich. Warum tun wir uns oftmals damit so schwer?

Ich glaube, wir haben eine ganz wichtige Sache verlernt: Wir haben verlernt, uns als wertvoll und besonders zu fühlen. Dieses Gefühl, bedingungslos geliebt zu werden, das wir als Baby unbewusst erlebt haben, geht Menschen im Laufe des Lebens oft mehr oder weniger verloren. Vielleicht, weil es in unserer Gesellschaft häufig mehr um Schein als um Sein geht, weil Leistung und Ergebnisse wichtiger zu sein scheinen als der Mensch an sich? Und so haben wir verlernt zu fühlen, dass wir alle einzigartig und ein Geschenk für diese Welt sind!

Vielleicht runzeln Sie gerade zart die Stirn und fragen sich: Weshalb sollte ich denn bitte ein Geschenk für diese Welt sein? Die Antwort darauf ist ganz einfach: Wenn es auf dieser Welt einen einzigen Menschen gibt, für den Sie bedeutsam sind, dann sind Sie ein Geschenk für diese Welt. Und wenn Sie mit Kindern arbeiten, dann gibt es unzählige Menschen, für die Sie wichtig sind. Folglich sind Sie ein Geschenk für diese Welt, einfach weil Sie da sind und mit Ihren einzigartigen Fähigkeiten und Ihrem besonderen Wesen dazu beitragen, diese Welt zu einem guten Ort zu machen.

Nachspüren
Halten Sie bitte kurz inne und denken Sie ganz bewusst: Ich bin ein Geschenk für diese Welt. Spüren Sie diesen Worten nach. Vielleicht fallen Ihnen Erklärungen ein, weshalb Sie ein Geschenk sind, oder Sie entscheiden, ein Geschenk zu sein, einfach weil Sie da sind. Ganz wie Sie mögen. Lassen Sie sich von Ihren Gefühlen leiten.

Ich habe einen Traum, einen Traum von einer Welt, die Kindern guttut. In der wir Großen dafür Sorge tragen, dass die kleinen Menschen gesund heranwachsen können. Nicht nur körperlich gesund, sondern vor allen Dingen seelisch. In der Kinder mit dem Gefühl heranwachsen, dass sie ein Geschenk für unsere Welt sind – einfach, weil es sie gibt. Und in der die Erwachsenen sich voller Freude dafür einsetzen, Kinder in ihrem Großwerden zu unterstützen. Eine Welt, in der Menschen einander guttun statt gegeneinander zu arbeiten, weil darauf letztlich unser aller Glück basiert.
Wenn Sie meinen Traum teilen, können Sie durch Ihre Arbeit in der Kita dazu beitragen, diese Welt zu einem guten Ort des Lebens zu machen. Das ist doch einfach großartig, oder?

1.2 Die Macht der Eigenverantwortung

Das einzige Verhalten,
das ich verändern kann, ist mein eigenes.
Alfred Adler

Das eigene Glück in die Hand zu nehmen bedeutet, zu erkennen, dass Veränderungen im Kleinen wie im Großen immer bei uns selbst beginnen. Denn wir können nur unser eigenes Verhalten verändern. Die Begründerin der Themenzentrierten Interaktion (TZI), Ruth Cohn (2001, S. 106), bringt es treffend auf den Punkt: „Was mache ich mit mir, wenn der andere nicht so ist, wie ich ihn haben will?"
Alle Menschen befinden sich in einem stetigen Prozess der Weiterentwicklung. Genau wie in der Natur ist Stillstand auch für uns nicht möglich.

Die Erfahrungen von gestern wirken sich auf unser Handeln heute aus und beeinflussen so unsere Zukunft. Durch die Gedanken, die wir heute denken, gestalten wir unsere Zukunft. Glück fällt folglich nicht vom Himmel. Vielmehr ist „Glücklich sein" ein Prozess, den wir selbst steuern können. Welche Schritte auf dem Weg zu mehr Eigenverantwortung nötig sind, schauen wir uns deshalb im Folgenden genauer an.

Selbstreflexion und Selbstmanagement

Vergangenheit ist Geschichte,
Zukunft ist Geheimnis
und jeder Augenblick ein Geschenk.
Ina Deter

Um die Verantwortung für das eigene Leben übernehmen zu können, ist es hilfreich, in einem ersten Schritt die Begriffe Selbstreflexion und Selbstmanagement genauer anzuschauen und voneinander abzugrenzen. In der Pädagogik bzw. im sozialen Bereich ist die Bedeutung der Vergangenheit als Lernfeld für das Heute schon lange bekannt. Dazu gehört es auch, sich selbst zu reflektieren und sein Verhalten zu analysieren. Häufig geht das allerdings nicht über die Problemanalyse hinaus. Pädagogische Fachkräfte können Ursachen für Verhaltensweisen erforschen und Begründungen für bestimmte Ereignisse im Umfeld oder in früheren Erlebnissen finden. Damit erhalten sie eine Idee, wodurch ein Problem ausgelöst wurde und erlangen so eine veränderte Sichtweise. Diese führt allerdings nicht notwendigerweise zu einem anderen Verhalten. Mittels Selbstreflexion können Ursachen für Probleme erkannt werden. Schlussfolgerungen für die Zukunft sind in diesem Prozess jedoch noch nicht zwingend.

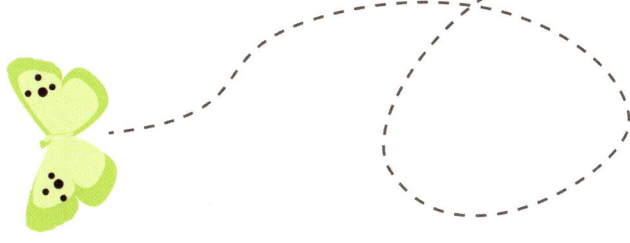

Die Selbstreflexion ist der erste Schritt in einem Veränderungsprozess, der zweite Schritt ist das sogenannte Selbstmanagement. Der Begriff Selbstmanagement beinhaltet die Überzeugung, dass wir selbst etwas dazu beitragen können, um entspannter und glücklicher zu sein.

Die Zielsetzung bei der Selbstreflexion ist die Selbsterkenntnis. Beim Selbstmanagement geht es darüber hinaus um die Frage, was jeder einzelne heute, hier und jetzt tun kann, um sich besser zu fühlen. Deshalb ist im Prozess des Selbstmanagements die Vergangenheit nur insoweit von Bedeutung, wie sie dabei unterstützt, eine positivere und erfüllendere Gegenwart oder Zukunft zu gestalten.

> *Das Glück des Lebens besteht nicht darin,*
> *wenig oder keine Schwierigkeiten zu haben,*
> *sondern sie (...) siegreich und glorreich zu überwinden.*
> Carl Hilty

Eine hohe Selbstmanagementkompetenz hat natürlich nicht zur Folge, dass keine unerwarteten oder negativen Ereignisse im eigenen Leben passieren. Wer diese Kompetenz erworben hat, ist jedoch in der Lage, immer wieder kompetent und aktiv mit den Herausforderungen des Lebens umzugehen und die eigenen Ziele nicht aus dem Blick zu verlieren. Ein solides Selbstmanagement befähigt uns, unseren Alltag mit all seinen Facetten als Bereicherung zu erfahren, und hilft uns, unser Arbeitsleben weitgehend so zu gestalten, dass wir Glück und Erfüllung darin finden.
Die Verantwortung für das eigene Leben zu übernehmen – also sich selbst zu managen – bedeutet, mit den Ereignissen im Alltag kompetent und möglichst gelassen umzugehen. Das bedeutet jedoch nicht, „schuld" zu

sein, wenn es mal nicht so gut gelingt, das eigene Leben. Vielmehr können Menschen durch ein gutes Selbstmanagement achtsamer und bewusster leben und ihr eigenes Leben annehmen – auch in schwierigeren Zeiten.

Selbstreflexion und Selbstmanagement

Bitte klären Sie für sich selbst, ob Sie eher Selbstreflexion oder Selbstmanagement betreiben.

Selbstreflexion meint:
- Ich will wissen, wodurch Verhaltensweisen ausgelöst werden.
- Ich überlege mir, wie ich reagiert habe und was mein Verhalten bewirkt hat.
- Ich bin davon überzeugt, dass jedes Problem eine Ursache hat.
- Ich habe Spaß daran, Probleme zu analysieren.

Selbstmanagement beinhaltet:
- Ich will immer besser werden.
- Ich lerne aus der Vergangenheit und plane ein anderes Verhalten.
- Ich betrachte meine Handlungsweisen als Optionen und weiß, dass ich alles lernen oder verändern kann, was ich wirklich möchte.
- Ich gehe achtsam und liebevoll mit mir um.

Die Bedeutung neuer Ziele

Die Fähigkeit zum Selbstmanagement ist nicht angeboren, sondern kann von jedem Menschen jederzeit entwickelt werden. An erster Stelle steht dabei der Wunsch nach einem glücklicheren oder entspannteren Alltag. Das ist sozusagen das Ziel. Dieses Ziel können Sie für sich finden, indem Sie herausarbeiten, was Sie in Zukunft gerne erleben oder aber auch vermeiden wollen.

> **Ziele definieren**
>
> Folgende Fragen können Ihnen helfen, Ihr persönliches Ziel zu definieren:
> - Wie wollen Sie arbeiten? / Wie wollen Sie auf keinen Fall arbeiten?
> - Wann sind Sie in Ihrem Job glücklich? / Was macht Sie richtig unglücklich?
> - Was haben Sie schon früher für sich mit dem Beruf der Erzieherin bzw. des Erziehers verknüpft? / Wie wollten Sie sich nie als Erzieher oder Erzieherin definieren?
> - Was motiviert Sie und tut Ihnen gut? / Was stört und demotiviert Sie?

Indem Sie diese Fragen beantworten, können Sie herausfinden, wie Ihr glücklicher Alltag aussehen könnte. Das ist dann Ihr Ziel – Ihr Fixstern oder Ihre Orientierung – und hilft Ihnen zu entscheiden, welche Ihrer Verhaltensweisen Ihnen gut tun und förderlich sind und welche Sie gerne verändern möchten. Ihre Verhaltensweisen können mithilfe eines Ziels zu Strategien werden, die Sie unterstützen und mit denen Sie Ihr gewünschtes Ergebnis erreichen können.

Wenn Sie zum Beispiel von einem harmonischeren Alltag träumen, ist es vermutlich nicht sehr förderlich, übersteigerte Erwartungen an die Kinder zu haben, denn Erwartungen erzeugen häufig Druck und Anspannung. Anstatt so zum Beispiel zu bemängeln, dass die Kinder Ihre Erwartungen nicht erfüllen, wäre es hilfreich zu überlegen, welche Ihrer Erwartungen Sie vielleicht verändern könnten – um dann gemeinsam mit den Kindern einen entspannten Alltag erleben zu können.

Visionen

Wie sieht Ihr Alltag aus, wenn er sich entspannt anfühlt? Beschreiben Sie bitte, wie unter den momentanen Arbeitsbedingungen in Ihrer Kita ein gelassener Alltag aussehen könnte und überlegen Sie, welche Situationen Sie entspannt bzw. angespannt zurücklassen. Listen Sie nun bitte in der folgenden Tabelle auf, welche Situationen Sie nicht mehr erleben wollen und wie diese stattdessen ablaufen sollen.

Was ich nicht mehr erleben möchte …	Was ich stattdessen erleben möchte …
Das ständige Ermahnen und Schimpfen im Stuhlkreis	Ein entspanntes, fröhliches Miteinander im Stuhlkreis

Die Macht der Eigenverantwortung

Eigenverantwortlich zu sein bedeutet, die Verantwortung für das eigene Verhalten zu übernehmen. Und wenn dieses Verhalten nicht zum Ziel führt, liegt es an jedem Einzelnen, sein Verhalten zu verändern.

Theoretisch ist das durchaus bekannt, allerdings ist das Verändern des eigenen Verhaltens mitunter leichter gesagt als getan. Selbst wenn wir eigentlich genau wissen, wie wir etwas anders machen könnten, stolpern wir doch hin und wieder über unsere alten Gewohnheiten und handeln dann so wie bisher. Das hängt damit zusammen, dass das menschliche Gehirn zunächst gar nicht sonderlich daran interessiert ist, neue Verhaltensweisen zu erlernen. Neues Wissen zu verankern ist für das Gehirn sehr energieintensiv. Und da das Gehirn allein zwanzig Prozent der zugeführten Energie benötigt, um das Überleben der Gehirnzellen zu sichern, sind eingefahrene Gewohnheiten für das Gehirn eine willkommene Ausrede, um alles beim Alten zu belassen.

Diese Prozesse laufen jedoch unbewusst ab. Mit dem bewussten Verstand wollen wir eine Verhaltensveränderung erzielen und neigen dann aber dazu, uns selbst zu kritisieren, schlechte Gefühle zu entwickeln oder aufzugeben, wenn wir wieder in das alte Verhalten verfallen.

Innere Dialoge

Das kennen wir wahrscheinlich alle – die „guten", ach so kurzlebigen Neujahrsvorsätze: drei Kilo runter, mehr Sport, keine Zigaretten mehr … Denken Sie bitte nur für einen Moment an einen solchen gescheiterten Vorsatz und beobachten Sie, wie Sie dabei mit sich selbst sprechen. Legen Sie nun den Schalter um und denken Sie an einen erfolgreich umgesetzten Vorsatz. Beobachten Sie sich erneut: Wie unterscheiden sich Ihre inneren Dialoge?

Um das eigene Verhalten dauerhaft zu verändern, ist es hilfreich, sich genauer anzuschauen, wie Veränderungsprozesse funktionieren.

Die Kraft der Entscheidung
Wer will das nicht – neue Verhaltensweisen entwickeln und alte als ungünstig eingeschätzte Gewohnheiten ablegen? Um tatsächlich ins Tun zu kommen, ist es erforderlich, zunächst eine klare und unumstößliche Entscheidung zu treffen. Und zwar die Entscheidung, dieses Ziel auch erreichen zu wollen – aus eigener Kraft und gleichgültig, wie beschwerlich der Weg auch sein wird. Mit dieser Entscheidung geht auch die Bereitschaft einher, mutig mitunter neue Wege auszuprobieren.

Wenn Du immer wieder das tust, was Du immer schon getan hast,
dann wirst Du immer wieder das bekommen,
was Du immer schon bekommen hast.
Wenn Du etwas anderes haben willst,
musst Du etwas anderes tun!
Und wenn das, was Du tust, Dich nicht weiterbringt,
dann tu etwas völlig Anderes,
statt mehr vom gleichen Hinderlichen zu tun ...
Paul Watzlawick

Die Macht der Eigenverantwortung

Bewusst werden

In welchen Situationen haben Sie Ihr Leben schon einmal bewusst in die Hand genommen, indem Sie sich für ein neues Verhalten entschieden haben? Bitte listen Sie fünf Situationen auf:

1. _____
2. _____
3. _____
4. _____
5. _____

Die Entscheidung, einen neuen Weg zu gehen, bedeutet jedoch nicht, dass Sie diesen schon genau kennen müssen. Viele Wege eröffnen sich erst beim Gehen. Also könnten Sie sich zunächst ganz bewusst entscheiden, in Ihrem Beruf glücklicher und erfüllter sein zu wollen. Jeden Tag ein bisschen mehr. Auch wenn Sie vielleicht schon vieles ausprobiert haben, kann es dennoch sein, dass Sie das Gefühl haben, dass noch Luft nach oben ist auf Ihrer persönlichen Glücksskala. Dann will vermutlich das Herz aufs Neue berührt werden. Das gelingt, indem Sie sich auf neue Ideen einlassen und eine klare Entscheidung treffen. So bekommt das formulierte Ziel zusätzliche Energie, und Sie geben sich selbst eine Richtung vor. Sie entwickeln, bildlich gesprochen, Ihr persönliches Navigationsgerät und entscheiden sich, den Weg bis zum Ziel beizubehalten.

Zum Ausprobieren

Möchten Sie glücklicher in Ihrem Alltag sein? Sind Sie bereit, dafür neue Gedanken zu entwickeln und neue Handlungsweisen zu testen? Dann unterstützen Sie sich selbst, indem Sie einen bestimmten Zeitraum festlegen, in dem Sie sich nicht erlauben, Ihre Entscheidung zu verändern oder zu revidieren. Dadurch kommen Sie erfahrungsgemäß viel schneller an Ihr Ziel.

Beginnen Sie mit kurzen Zeiträumen von vier bis sechs Wochen und weiten Sie diese nach und nach aus. Notieren Sie sich Ihr Vorhaben, dadurch wird es für Sie verbindlicher. So könnten Sie sich zum Beispiel entscheiden, gelassener zu reagieren, wenn Kinder im Stuhlkreis nicht ruhig sitzen können. In der Folge bleiben Sie dann während des festgelegten Zeitraums gelassen und beobachten, ob und wie sich die Situation für alle Beteiligten entwickelt.

Vom Standhalten und Dranbleiben

Um ein Verhalten dauerhaft verändern zu können, ist es wichtig, standhaft und geduldig zu sein. Manchmal machen wir Menschen uns das Leben selbst schwer, indem wir zu schnell aufgeben. Wir probieren etwas aus, doch wenn wir nicht gleich Erfolge bemerken, fangen wir an zu zweifeln. Und anstatt mit etwas Geduld ans Ziel zu kommen, beginnen wir etwas Neues – immer und immer wieder. Das kann unglaublich kräftezehrend, anstrengend und auch unbefriedigend sein. Vielleicht kennen Sie dies auch aus Teamsitzungen: Da wird etwas besprochen und in der nächsten Woche steht dasselbe Thema schon wieder auf der Tagesordnung. Ermüdend, nicht wahr? Deshalb meine Bitte an Sie: Treffen Sie eine Entscheidung, nehmen Sie sich Zeit für Ihren Weg und geben Sie nicht auf, bevor Sie Ihr Ziel erreicht haben.

Diese Kompetenz des Standhaltens kommt uns auch im Alltag mit den Kindern zugute. Denn von ihnen wünschen wir uns genauso, dass sie dranbleiben, auch wenn Schwierigkeiten auftreten. Genau genommen ist dieses Standhalten in unserer heutigen Welt sogar eine ganz wesentliche Kernkompetenz. Wenn wir hier als Vorbild mit gutem Beispiel vorangehen, eine Entscheidung treffen und diese umsetzen, dann unterstützen wir damit auch die Kinder, Herausforderungen standzuhalten.

Standhalten

Erinnern Sie bitte drei Situationen, in denen Sie sich für eine Verhaltensänderung entschieden haben und drangeblieben sind, obwohl es schwierig wurde, und listen Sie diese auf:

1. --

2. --

3. --

Machen Sie sich nun bewusst, welche Gefühle dieses Standhalten bei Ihnen ausgelöst hat.

Im Anschluss an die Entscheidung, ein bestimmtes Ziel erreichen zu wollen und dafür bestimmte Verhaltensweisen zu verändern, beginnt der Lernprozess. Viele Menschen machen hier zu große Schritte oder haben zu hohe Erwartungen an sich selbst. Dadurch bemerken sie häufig nicht, welche Erfolge sie bereits erzielt haben. Lassen Sie uns deshalb gemeinsam einmal anschauen, wie Lernen eigentlich funktioniert.

Wie Lernen funktioniert

Lernen ist die natürliche und nicht zu bremsende Lieblingsbeschäftigung unseres Gehirns.
Manfred Spitzer

Jeder Veränderungsprozess basiert auf Lernen, denn eine neue Verhaltensweise wird ebenso erlernt wie neues Wissen. Menschen lernen ständig – ob bewusst oder unbewusst. Dabei nutzen wir alle drei wesentliche Lernstrategien: das Nachahmen, das Wiederholen und das Variieren.
Wenn uns am Verhalten anderer Menschen etwas fasziniert, dann ahmen wir es nach. Das können Sie bei kleinen Kindern gut beobachten: Sie ahmen viele Tätigkeiten der Erwachsenen nach. Allerdings lernen sie nicht durch einmaliges Nachahmen, sondern durch stetiges Wiederholen.

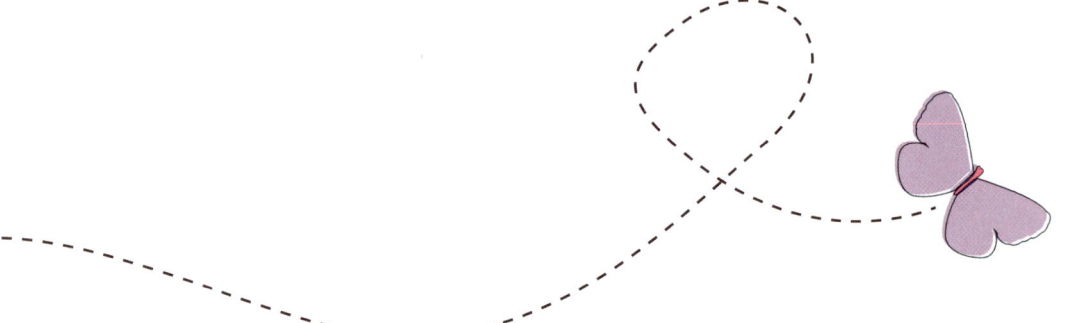

Sobald das Kind dann eine Tätigkeit sicher beherrscht, beginnt es, diese zu variieren, also nach seinen eigenen Vorstellungen und Erfahrungen zu verändern.

Vielleicht gehören Sie auch zu den Menschen, die früher einmal Gitarre spielen gelernt haben. Anfangs haben Sie es sich wahrscheinlich von jemandem zeigen lassen – also nachgeahmt. Dann haben Sie immer wieder einfache Stücke gespielt und durch Wiederholung Ihre Fertigkeiten trainiert. Und irgendwann haben Sie sich nicht mehr an Noten gehalten, sondern frei zu spielen begonnen. Das nennt man Variation.

> **Lernprozesse**
> Erinnern Sie bitte einen Ihrer eigenen Lernprozesse (z.B. Gitarre spielen, Radfahren, Schwimmen): Was haben Sie gelernt? Wen haben Sie dabei imitiert? Wie lange haben Sie trainiert? Und welche Variationen haben Sie dann durchgeführt?

Immer, wenn wir etwas nachahmen oder variieren, entstehen neuen Verbindungen im Gehirn. Dies lässt sich als eine Art Wegenetz vorstellen: Da gibt es Trampelpfade, die schon ganz ausgetreten sind, weil Sie diese ganz häufig benutzt haben. Und dann gibt es zarte Pfade, die kaum sichtbar durch das hohe Gras führen. Das sind die neuen Wege, die erst noch gefestigt werden müssen. Wenn Sie schnell von einem Ort zum nächsten laufen wollen, werden Sie wohl erst einmal die bekannten, ausgetretenen Pfade benutzen. Das passiert, wenn wir tun, was wir immer getan haben.

Wenn Sie jedoch ein neues Verhalten erlernen wollen, müssen Sie immer wieder die noch kaum sichtbaren Pfade gehen und sie so durch Wiederholung im Gehirn festigen. Denn Lernen führt immer zu neuen Strukturen im Gehirn. Das bedeutet, dass neue Verbindungen gefestigt und alte Pfade verlassen werden. Solange dieser Prozess im Zusammenhang mit einem Lernthema noch nicht abgeschlossen ist, stehen Ihnen sowohl die alten als auch die neuen Verhaltensweisen zur Verfügung. Deshalb passiert es immer wieder, dass nach einem alten Muster gehandelt wird, obwohl Sie Ihr Verhalten eigentlich verändern wollen. Diesen Prozess der langsamen Verinnerlichung einer neuen Gewohnheit möchte ich Ihnen anhand des folgenden Gedichtes von Portia Nelson verdeutlichen:

Autobiografie in fünf Kapiteln

Ich gehe die Straße entlang.
Da ist ein tiefes Loch im Gehsteig.
Ich falle hinein.
Ich bin verloren ... Ich bin ohne Hoffnung.
Es ist nicht meine Schuld.
Es dauert endlos, wieder herauszukommen.

Ich gehe dieselbe Straße entlang.
Da ist ein tiefes Loch im Gehsteig.
Ich tue so, als sähe ich es nicht.
Ich falle wieder hinein.
Ich kann nicht glauben, schon wieder am selben Ort zu sein.
Aber es ist nicht meine Schuld.
Immer noch dauert es sehr lange, herauszukommen.

Ich gehe dieselbe Straße entlang.
Da ist ein tiefes Loch im Gehsteig.
Ich sehe es.
Ich falle immer noch hinein .... – aus Gewohnheit.
Meine Augen sind offen, ich weiß, wo ich bin.
Es ist meine eigene Schuld.
Ich komme sofort heraus.

Ich gehe dieselbe Straße entlang.
Da ist ein tiefes Loch im Gehsteig.
Ich gehe darum herum.

Ich gehe eine andere Straße.
Portia Nelson

Aus: There`s a Hole in my Sidewalk. The Romance of Self-Discovery
© 1993 by Portia Nelson. Reprinted with the permission of Beyond Words/
Atria, a division of Simon & Schuster, Inc. All rights reserved.

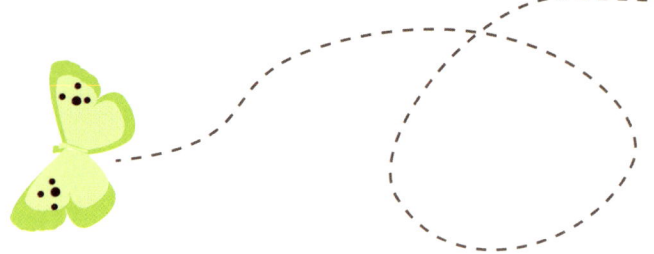

Bezogen auf unsere Lernprozesse lässt sich dieses Gedicht wie folgt verstehen:

1. Strophe

Ich gehe die Straße entlang. Da ist ein tiefes Loch im Gehsteig.
Ich falle hinein. Ich bin verloren ... Ich bin ohne Hoffnung.
Es ist nicht meine Schuld.
Es dauert endlos, wieder herauszukommen.

Bedeutung

Sie bekommen eine neue Idee, wie Sie den Alltag gestalten könnten. Diese finden Sie spannend und beängstigend zugleich. Manchmal entsteht ein Gefühl von Verwirrung. Das darf so sein. Es ist der erste Schritt zur Veränderung.

Praxisbeispiel

Bisher waren Ihnen Tischmanieren im Alltag mit den Kindern sehr wichtig. Und Sie haben Tom häufig ermahnt. Jetzt lernen Sie, dass Essen Spaß machen soll und Kritik am Esstisch tabu ist. Sie finden beide Argumente nachvollziehbar und sind erst einmal verwirrt, weil Sie Ihre bisherige Praxis selbst infrage stellen.

2. Strophe

Ich gehe dieselbe Straße entlang.
Da ist ein tiefes Loch im Gehsteig. Ich tue so, als sähe ich es nicht.
Ich falle wieder hinein.
Ich kann nicht glauben, schon wieder am selben Ort zu sein.
Aber es ist nicht meine Schuld.
Immer noch dauert es sehr lange, herauszukommen.

Bedeutung

Sie handeln immer noch wie bisher, nur merken Sie, nachdem Sie gehandelt haben, dass Sie es wieder wie früher gemacht haben. Oft ärgern wir uns dann über uns selbst, weil wir nicht erkennen, dass das bereits der zweite Schritt zur Veränderung ist.

Praxisbeispiel

Sie sind sich darüber klar geworden, dass Sie einen neuen Weg ausprobieren wollen, und ertappen sich hinterher dabei, dass Sie Tom wieder ermahnt haben, doch gerade am Tisch zu sitzen.

3. Strophe

Ich gehe dieselbe Straße entlang.
Da ist ein tiefes Loch im Gehsteig. Ich sehe es.
Ich falle immer noch hinein ... – aus Gewohnheit. Meine Augen sind offen,
ich weiß, wo ich bin. Es ist meine eigene Schuld. Ich komme sofort heraus.

Bedeutung

Sie merken, während Sie handeln, dass Sie es wieder wie bisher machen. Sie sind sich dessen bewusst und schaffen es dennoch noch nicht, das neue Verhalten zu zeigen. Super! Dann sind Sie in Phase 3!

Praxisbeispiel

Während Sie Tom ermahnen, merken Sie, dass Sie schon wieder seine Tischmanieren kritisieren, und schaffen es trotzdem noch nicht, Ihr Verhalten zu verändern.

4. Strophe

Ich gehe dieselbe Straße entlang.
Da ist ein tiefes Loch im Gehsteig.
Ich gehe darum herum.

Bedeutung

Sie merken, dass die gewohnte Situation kommt, und es gelingt Ihnen, das neue Verhalten anzuwenden. Sie haben es geschafft, Ihr neues Verhalten zu implementieren. Herzlichen Glückwunsch!

Praxisbeispiel

Jetzt merken Sie, dass Sie Tom wieder kritisieren wollen, und es gelingt Ihnen, es nicht zu tun.

5. Strophe

Ich gehe eine andere Straße.

Bedeutung

Sie haben die neue Verhaltensweise so integriert, dass die alte Gewohnheit abtrainiert und verschwunden ist. Jetzt ist das neue Verhalten automatisiert, und der neue „Trampelpfad" ist fertig.

Praxisbeispiel

Jetzt kommen Sie gar nicht mehr auf die Idee, Tom zu ermahnen, weil Sie die positive Stimmung am Esstisch so lieb gewonnen haben, dass Sie sich nicht mehr erinnern können, früher einmal kritisiert zu haben.

Die Macht der Eigenverantwortung

Lernen ist kein Ergebnis, sondern ein Prozess. Ein Prozess, den wir selbst steuern können und in dem wir vor allen Dingen liebevoll zu uns selbst sein dürfen. Nachdem wir die Verantwortung für uns übernommen, ein Ziel definiert und eine Entscheidung getroffen haben, gilt es geduldig an uns selbst zu arbeiten, um so unser Verhalten dauerhaft und nachhaltig zu verändern. In der Regel können Sie davon ausgehen, dass Sie nach vier bis sechs Wochen bei täglicher Übung ein neues Verhalten stabil verinnerlicht haben. Je öfter Sie an einem Thema arbeiten, desto höher wird Ihre Selbstmanagementkompetenz.

Standhaft

Welche Fertigkeiten haben Sie sich in Ihrem Leben bereits dadurch angeeignet, dass Sie über einen längeren Zeitraum standhaft geblieben sind? Bitte listen Sie diese Kompetenzen auf:

-
-
-
-
-

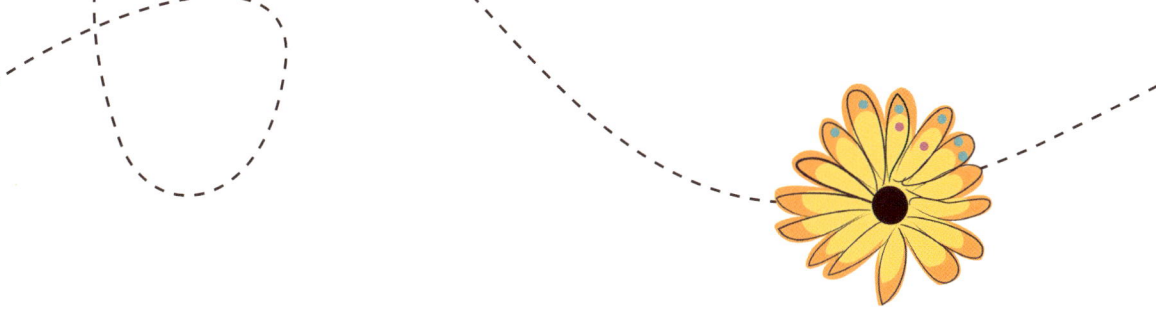

1.3 Bye-bye Selbstzweifel

*Es sind nicht die Glücklichen, die dankbar sind –
es sind die Dankbaren, die glücklich sind!*
Francis Bacon

Wir wissen, dass gute Gefühle glücklich machen. Und trotzdem sind wir wahre Meister darin, uns selbst zu kritisieren. Lassen Sie uns einen Blick auf diesen inneren Kritiker richten und fragen, wie Selbstzweifel entstehen und mit welchen einfachen Hilfsmitteln wir mehr Selbstvertrauen entwickeln können.

Wie Selbstzweifel entstehen
Die Entwicklung von Selbstzweifeln scheint damit zusammenzuhängen, welche inneren Dialoge wir führen und ob wir eher in Problemen oder in Lösungen denken. Ob wir uns im Gespräch mit uns selbst eher aufbauen oder abwerten.
Menschen erleben von klein auf, dass sie mit anderen verglichen werden. In diesem Vergleich schneiden sie manchmal positiv ab, häufig ist die Bewertung jedoch auch negativ: „Sie ist so schüchtern. Er kann sich nicht konzentrieren. Sie kann nicht ruhig sitzen. Das mit dem Rechnen müssen wir noch üben."
Solche oder ähnliche Sätze haben wahrscheinlich die meisten von uns irgendwann einmal gehört. Von den Eltern, Lehrern oder anderen Kindern. Dadurch haben wir gelernt, dass es besser wäre, wenn wir anders wären als wir sind. Und haben begonnen, an uns selbst zu zweifeln.
Selbstzweifel zu entwickeln bedeutet nämlich, die negativen Geschichten, die andere über uns erzählen, zu glauben. Dadurch verlieren wir mit der

Zeit zunehmend den Glauben an uns selbst. Nicht auf einen Schlag, sondern schleichend. Deshalb bemerken wir es häufig nicht. Menschen, die den Glauben an sich selbst verlieren, werden nach und nach ein bisschen gedämpfter. In der Folge verlernen sie zu lachen – nicht von heute auf morgen –, eher häppchenweise. So ist auch nachzuvollziehen, warum kleine Kinder rund 400 Mal am Tag lachen und Erwachsene im Schnitt nur noch 15 Mal.

> Würden Sie sich selbst als humorvollen Menschen bezeichnen? Wann sind Sie am fröhlichsten, können am besten unbeschwert lachen?

Menschen, die den Glauben an sich selbst verlieren, fokussieren stärker auf negative Aspekte. Doch weil sich niemand dauerhaft schlecht fühlen will, wird der Hamsterrad-Mechanismus entwickelt: Wir denken, wenn diese Leistung erbracht oder jenes erreicht ist, dann wird es besser, dann verschwinden die Selbstzweifel … Aber weit gefehlt. Hinter jeder Anforderung lauert sofort die nächste. So besteht die Gefahr, dass wir in einem Gefühl des Mangels, des Nicht-genug-Seins verharren.

Mir selbst hilft es, glücklicher zu sein, wenn ich die Fallstricke entdecke und durchschneide, die mich an mir selbst zweifeln lassen. Weil ich dann zum einen ein glücklicheres, fröhlicheres und damit gesünderes Leben führen kann. Und zum anderen, weil ich den Kindern so vorleben kann, dass auch das Erwachsensein fröhlich und bunt ist. Bitte glauben Sie mir: Auch für mich ist dies ein fortwährender Prozess. Ich kenne den kleinen „Selbstzweifelteufel" auf der Schulter sehr wohl, der mir versucht vor Augen zu führen, was ich alles hätte besser machen können.

> **Selbstzweifel hinterfragen**
> Welche Selbstzweifel kennen Sie? Können Sie sich auf Knopfdruck negative Gefühle machen? Die meisten von uns haben „ihre" Themen, mit denen Sie es schaffen, sich innerhalb kürzester Zeit schlecht zu fühlen. Nehmen Sie sich ruhig ein paar Minuten Zeit und fassen Sie Mut, um diese Frage zuzulassen. Ich sage bewusst zulassen, weil wir Menschen so daran gewöhnt sind, nur unsere positiven Seiten zu zeigen. Schreiben Sie Ihre Zweifel auf. Zweifel gehören zum Leben dazu und machen uns in gewisser Weise menschlich.

Bestimmt haben Sie schon oft versucht, gegen Ihre Selbstzweifel anzugehen. Wenn Sie dabei bisher noch nicht so erfolgreich waren, wie Sie es gerne wären, hängt dies vielleicht mit der Methode zusammen. Selbstzweifel sind häufig in der Kindheit erlernt und dadurch tief im emotionalen System verankert. Wenn wir nun durch Gespräche oder logische Erklärungen versuchen, diese Zweifel zu besiegen, scheitern wir häufig. Denn wir setzen an der falschen Stelle an. Selbstzweifel müssen in der Regel auf der emotionalen Ebene angegangen werden.

Im Folgenden stelle ich Ihnen eine Körperübung vor, die Sie dabei unterstützen kann, Ihre Selbstzweifel aufzulösen. Sie können diese Übung alleine durchführen oder sich von einer lieben Person dabei unterstützen lassen:

Körperübung

Nehmen Sie eine Ihrer „Selbstzweifelsituationen" (siehe Seite 47), fühlen Sie ganz zart nach innen und bitten Sie dieses Gefühl, sich zu zeigen. Spüren Sie nach, wo im Körper dieses Gefühl sitzt. Stellen Sie sich dazu bitte folgende Fragen:

- Wie groß ist dieses Gefühl? Welche Form hat es?
- Welche Farbe hat es?
- Macht es Geräusche?
- Welche Temperatur und welche Beschaffenheit hat es? Wie fühlt es sich an?
- Wie riecht es? Und angenommen, Sie würden daran lecken, nach was schmeckt es?
- Welche Bewegung macht dieses Gefühl?

Anschließend stellen Sie sich vor, Sie könnten dieses Gefühl aus Ihrem Körper herausnehmen und es dann in Ihren Händen umdrehen. Probieren Sie ruhig ein bisschen aus – solange, bis Sie dem Gefühl eine Bewegung geben konnten, die sich besser anfühlt. Dann setzen Sie sich das Gefühl wieder ein und beantworten erneut die zuvor genannten Fragen. Diese Übung wiederholen Sie so oft, bis sich ein entspanntes oder wohliges Gefühl in Ihnen ausbreitet.

Die Kraft der Dankbarkeit

Dankbarkeit ist das Gedächtnis des Herzens.
Jean-Baptiste Massillon

Es gibt eine Kraft, mit der wir innerhalb kürzester Zeit vieles verändern können – die Dankbarkeit. Jeden einzelnen Tag gibt es faszinierende Momente, viel Gutes kommt zu uns. Nur können wir es oft nicht sehen. Wir können uns jeden Tag mehr als satt essen, wir haben ein Dach über dem Kopf, wir haben Arbeit, wir leben in einem sicheren Land, wir haben Zeit, Bücher zu lesen und uns weiterzubilden. Wir könnten doch eigentlich zufrieden und glücklich sein? Warum sind wir es eigentlich nicht?

> **Im Hier und Jetzt**
> Nennen Sie bitte ohne langes Nachdenken, was Sie daran hindert, dankbar und glücklich im Heute, im Hier und Jetzt zu sein. Was könnten Sie verändern, um dankbarer zu sein?

Dankbar zu sein erfordert keinen großen Kraftaufwand. Wir müssen uns nicht besonders toll finden, um dankbar zu sein. Zum Beispiel könnten wir einfach dankbar sein, dass wir leben dürfen. Vielen Menschen fällt es leichter, dankbar für etwas, statt stolz auf sich selbst zu sein. Dankbar für die Arbeitsstelle zu sein ist oft leichter als auf die eigene Arbeit stolz zu sein. Dankbarkeit ist ein wichtiger Schlüssel, um unsere inneren Dialoge zu verändern. Anstatt zum Beispiel über Eltern zu jammern, die das Teegeld nicht bezahlen, könnten wir dankbar dafür sein, dass diese Eltern ihr Kind immer pünktlich abholen. Dankbar für Kleinigkeiten zu sein verändert unseren Fokus und trägt dazu bei, dass wir sozusagen nebenbei beginnen, uns zu entspannen. Mit jedem Dank öffnet sich unser Herz ein kleines bisschen, und wir beginnen, uns wieder miteinander verbunden zu fühlen. Danke, dass Sie sich darauf einlassen!

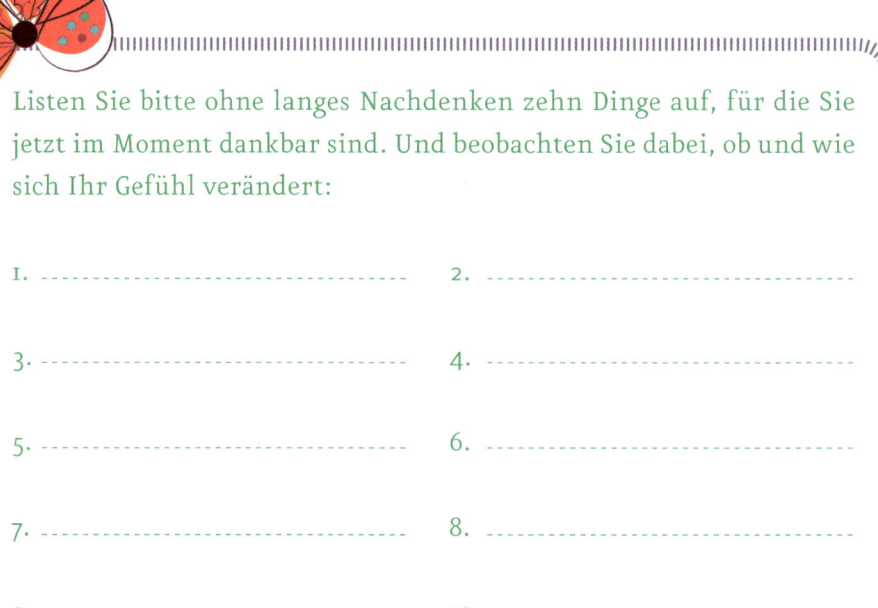

Listen Sie bitte ohne langes Nachdenken zehn Dinge auf, für die Sie jetzt im Moment dankbar sind. Und beobachten Sie dabei, ob und wie sich Ihr Gefühl verändert:

1. .... 2. ....

3. .... 4. ....

5. .... 6. ....

7. .... 8. ....

9. .... 10. ....

Dankbarkeit ist wie ein Muskel, der trainiert werden kann. Je häufiger wir Danke sagen, umso leichter fällt es uns. Es gibt verschiedene Möglichkeiten, mehr Dankbarkeit in unser Leben zu integrieren. Zum Beispiel, indem wir uns angewöhnen, morgens nach dem Aufwachen das Wort „Danke" zu denken. Sie könnten auch ein Dankbarkeitsjournal führen und jeden Abend fünf Dinge, für die Sie an diesem Tag dankbar sind, aufschreiben. Bestimmt haben Sie dazu noch viele weitere Ideen.

Überlegen Sie sich ein persönliches Dankbarkeitsritual, mit dem Sie die Kraft der Dankbarkeit für einen positiven inneren Dialog und somit für Ihr Selbstmanagement noch besser nutzen können.

Jeder Dank, den Sie fühlen oder ausdrücken, lässt Sie ein bisschen liebevoller und somit glücklicher werden. Mit jedem Dank machen wir uns selbst und unserem Gegenüber ein Geschenk.

Vom Mut, Fehler zu machen

Den größten Fehler, den man im Leben machen kann,
ist, immer Angst zu haben,
einen Fehler zu machen.
Dietrich Bonhoeffer

Menschen sind nicht perfekt, natürlich nicht, keiner von uns ist das. Viele denken jedoch, sie müssten es sein, und setzen sich und andere damit unter immensen Druck. Doch Fehler zeugen schlicht von Erfahrungen. Wer handelt und entscheidet, macht Fehler – so einfach ist das. Es gibt keine Blaupause für unser Leben. Wir kommen nicht fertig auf die Welt, sondern erarbeiten uns unser Leben durch und mit unseren Erfahrungen. Nur, wenn wir verschiedene Erfahrungen machen, können wir herausfinden, wie es sich für uns am besten anfühlt. Und nur durch unsere Erfahrungen können wir jeden Tag ein bisschen besser werden. Niemand macht absichtlich Fehler. Das, was Sie gestern getan haben, war zu diesem Zeitpunkt Ihre beste Option. Aus der Sicht von heute betrachtet, stellt sich vielleicht heraus, dass Sie manches hätten anders machen können. Das ist Leben. So entwickeln wir uns weiter. Wir müssen nicht perfekt sein. Wir dürfen an uns zweifeln, wir dürfen uns erlauben, uns infrage zu stellen, und wir dürfen negative Gedanken haben. Das macht uns authentisch, ehrlich und menschlich. Nobody is perfect! Lassen Sie uns ein bisschen mutiger werden, auch im Umgang mit unseren scheinbar negativen Seiten.

> Erinnern Sie sich bitte an fünf sogenannte „Fehler", von denen Sie jedoch rückblickend profitieren konnten:
>
> 1. ....
>
> 2. ....
>
> 3. ....
>
> 4. ....
>
> 5. ....

Die Kraft, die Welten verändert

*Wenn wir alles akzeptieren, was an uns nicht richtig ist,
und dennoch finden, dass wir ein fröhliches, glückliches Leben
verdient haben, öffnen wir das Fenster weit,
um die Liebe hereinzulassen. Denn wer glücklich ist,
kann die Welt nur voller Liebe betrachten.*
Paolo Coelho

Aus Angst, kritisiert oder verletzt zu werden, unterdrücken wir oft die eigenen Gefühle und verschließen uns gegenüber unseren Emotionen. Das gilt für positive wie negative Gefühle gleichermaßen. Einfach, weil es weniger schmerzhaft ist. Dadurch haben viele Menschen auch ihr Glücks-

gefühl verloren und denken, dass das Streben nach Perfektion dauerhaft ihr Antrieb sein könnte. Das ist jedoch ein großer Irrtum.

Tief in uns wissen wir genau, worum es geht: Wenn wir liebevoll mit uns selbst sind, sind wir glücklich. Und wenn wir glücklich sind, dann lieben wir. Liebe – was für ein großes Wort. Liebe ist die Kraft, die Welten verändert, zuallererst unsere eigene. Liebevoll sein – mit sich selbst und anderen –, das könnte den Unterschied ausmachen. Wer liebevoll mit sich selbst ist, kann auch anderen Menschen auf diese Weise begegnen. Liebe nimmt an und akzeptiert. Liebe tröstet und heilt. Liebe entspannt und macht Mut. Liebe befreit und verbindet.

Wenn wir uns trauen, wieder zu fühlen, finden wir den Weg zu uns und unserem Herzen. Dann können wir uns mit uns selbst verbinden und so unserer Intuition vertrauen.

> **„Ich bin genug!"**
> Nehmen Sie sich doch einmal am Tag Zeit, Ihr Herz zu öffnen, indem Sie folgenden Satz zu sich sagen: „Ich bin gut so, wie ich bin!" Oder, falls Ihnen das schwerfällt: „Ich bin genug!" Ein Herz oder ein anderer Aufkleber auf Ihrem Spiegel kann Sie schon morgens daran erinnern, diesen Satz regelmäßig zu verwenden.

Sie werden bemerken, wie Sie nach und nach sanfter werden, liebevoller und entspannter mit sich selbst. Im Alltag verhalten Sie sich vielleicht geduldiger oder grübeln nicht mehr so oft, was andere über Sie denken könnten. Daran können Sie erkennen, dass Ihr Selbstbewusstsein wächst.

Wenn wir wieder anfangen, an uns zu glauben, fällt es uns viel leichter, unserer Intuition zu folgen. Intuitiv wissen Sie bestimmt schon lange, wie sich die Arbeit in der Kita oder auch zuhause stimmig anfühlen kann. Wenn wir unserem Herzen folgen, wird der Alltag federleicht und lebendig. Statt gegeneinander zu arbeiten, können wir gemeinsam beginnen, uns gutzutun und das Leben, das Team, die Kita zu erschaffen, in der wir uns gemeinsam wirklich wohlfühlen.

An dieser Stelle möchte ich Ihnen eine Frage anbieten, die mir sehr geholfen hat, liebevoller und sanfter mit mir selbst und anderen umzugehen – auch, wenn sie sich vielleicht im ersten Moment etwas befremdlich anhört. Wenn Sie sich über irgendwen oder irgendetwas aufzuregen beginnen, könnten Sie sich stattdessen fragen: „Was würde die Liebe tun?" Halten Sie dann inne und horchen Sie einen Moment in sich hinein. Die Antwort wird kommen, am Anfang vielleicht noch leise, zaghaft und mit etwas Erfahrung immer kraftvoller und deutlicher.

Zufriedenheit spüren

Erinnern Sie sich bitte an fünf Situationen, in denen Sie nicht mit sich zufrieden waren. Und beobachten Sie dann, was in Ihrem Inneren passiert, wenn Sie überlegen, wie Sie aus der Liebe heraus handeln würden. Folgen Sie dabei Ihrer Intuition anstatt zu überlegen, wie es sein müsste oder sollte.

Kraftvoll der inneren Stimme / Melodie folgen

*Nimm dir jeden Tag die Zeit,
still zu sitzen und auf die Dinge zu lauschen.
Achte auf die Melodie des Lebens, welche in dir schwingt.*
Buddha

Wenn wir still werden und ganz genau hinhören, dann können wir sie wahrnehmen – unsere ganz eigene Melodie! Der eine hört oder fühlt sie, ein anderer weiß einfach, dass sie da ist: die Musik unseres Lebens, die in uns schwingt, uns trägt und ans Licht gebracht werden will. Selbst wenn wir uns einmal im Trubel des Lebens verlieren und durch unseren Alltag hetzen, bleibt unsere Melodie immer bestehen. Sobald wir uns Zeit nehmen und still werden, können wir sie wieder wahrnehmen. Wir müssen gar nichts tun – einfach nur zur Ruhe kommen, um sie wieder zu hören.
Vielleicht helfen Ihnen ein paar tiefe Atemzüge, um im Hier und Jetzt zu sein und bei sich anzukommen. Und dann nehmen Sie Ihre innere Stimme plötzlich wieder wahr. Sie können sich entspannen, weil Sie auf einmal wieder wissen, dass Sie gut sind – so wie Sie sind. Dinge, die eben noch wichtig erschienen, werden auf einmal unbedeutend und klein. Das Bewusstsein, dass jeder von uns, so wie er ist, wertvoll und liebenswert ist, kann wieder wachsen.
Vielleicht finden Sie in Ihrem Alltag trotz allen Trubels immer wieder einen stillen Moment, einen Augenblick, in dem Sie nach innen lauschen können. Wenn wir uns von Herz zu Herz begegnen, also von Melodie zu Melodie, dann werden unser Wettlauf, unser Hamsterrad und das ständige Vergleichen nichtig. Einfach, weil jede Melodie auf ihre ganz eigene Art wundervoll und berührend ist.

Ich wünsche mir für Sie, dass Sie Zeit finden, in sich hineinzuhorchen, und in Kontakt mit Ihrer ganz eigenen Melodie kommen. Dann erleben Sie die Magie des Augenblicks. Und auf einmal geht der Alltag ganz leicht: Sie können wieder fühlen, dass Sie ein Geschenk sind für die Welt!

Dem Atem folgen

Schenken Sie sich jeden Tag fünf Minuten Ihrer kostbaren Zeit. Setzen Sie sich aufrecht und bequem auf einen Stuhl oder einen Sessel, schließen Sie die Augen, wenn Sie möchten, und folgen Sie Ihrem Atem. Spüren Sie, wie der Atem in die Nase einströmt und wieder heraus. Hinein und heraus. Und falls da ein Gedanke kommt, bedanken Sie sich bei ihm, verabschieden Sie ihn und kehren Sie zu Ihrem Atem zurück. Vielen Menschen tut es gut, dieses Ritual immer zur selben Zeit durchzuführen, andere fügen es nach Belieben in ihren Alltag ein. Probieren Sie aus, was für Sie gut ist.

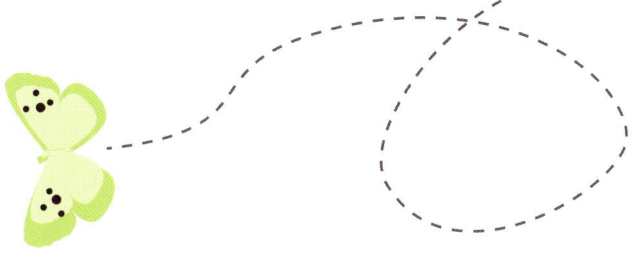

1.4 Gelassenheit durch Achtsamkeit

*Die beste Weise, sich um die Zukunft zu kümmern,
besteht darin, sich sorgsam der Gegenwart zuzuwenden.*
Thich Nhat Hanh

Genauso, wie ein Kind in jedem Moment eine neue Fähigkeit erlernen kann, können auch wir Erwachsenen zu jedem Zeitpunkt unseres Lebens unsere Perspektive ändern und die Welt durch eine neue Brille betrachten. Wir können uns fragen: „Wer will ich sein?" und „Was will ich beitragen zum Gelingen unserer Welt?". Je besser wir uns selbst kennen und je achtsamer wir mit uns umgehen, umso leichter fällt es uns, diese Fragen zu beantworten. Im nächsten Abschnitt wenden wir uns deshalb unseren Gefühlen und Gedanken zu, damit Sie sich selbst noch besser verstehen und voller Achtsamkeit den Zauber des Augenblicks genießen können. Die Freude am Hier und Jetzt bereitet den Boden für eine glückliche Zukunft.

Die Kraft der Gefühle
Natürlich ist nachvollziehbar, dass positive Gefühle glücklich machen – das haben wir alle bereits erlebt. Nur ist es gar nicht so einfach, gute Gefühle zu haben, selbst wenn uns bewusst ist, dass das besser wäre. Wir wissen zum Beispiel sehr genau, dass es unsinnig ist, uns über nasse Ärmel oder liegengebliebenes Spielzeug aufzuregen. Es macht uns nicht glücklich, tut nicht gut und ändert in der Regel nichts. Doch negative Gefühle kommen oft durch die Hintertür und lassen sich manchmal auch gar nicht so leicht vertreiben. Gemeinsam wollen wir uns deshalb auf die Suche machen, wo Gefühle herkommen, wie sie entstehen und was Sie ganz konkret tun können, um Ihren emotionalen Zustand zu verändern. Glücklich zu sein ist

ein Gefühl, genauso wie ärgerlich oder wütend zu sein. Genau genommen, fühlen wir immer, den lieben langen Tag. Jeder Gedanke ist mit einem Gefühl verbunden. Wie Paul Watzlawick festgestellt hat, dass wir nicht nicht kommunizieren können, können wir auch nicht nicht fühlen. Unser Erleben ist stets mit Gefühlen verbunden. Natürlich lassen sich Gefühle unterdrücken oder verleugnen. Das ändert allerdings nichts an ihrer Anwesenheit.

Ein Gefühl ist „eine spontane innere Reaktion auf eine Situation, die ich erlebe oder an die ich denke" (Carl Rogers). Menschen erleben ständig Situationen – in der Realität oder in Gedanken. Und sie reagieren auf ihr Erleben immer mit einem Gefühl. Allerdings haben wir häufig nicht oder nur eingeschränkt gelernt, unsere Gefühle bewusst wahrzunehmen. Erst seit Mitte des letzten Jahrhunderts wissen wir zum Beispiel durch die Forschungen von Carl Rogers um die Bedeutsamkeit authentischer Gefühle für die Entwicklung eines positiven Selbstbildes. Und bis heute dauert der Prozess, das Schattendasein der Gefühle zu beenden, an. Ich lade Sie ein, einmal auszuprobieren, wie bewusst Ihnen Ihre Gefühle sind:

Kleiner Selbsttest

Für diesen kleinen Selbsttest benötigen Sie eine Stoppuhr und Schreibzeug. Stellen Sie die Stoppuhr auf eine Minute. Listen Sie in dieser Zeit alle Gefühlsbezeichnungen, die Ihnen spontan einfallen, auf. Anschließend notieren Sie ebenfalls eine Minute lang alle Farbbezeichnungen, die Sie kennen. Vergleichen Sie nun, ob Sie mehr Gefühle oder mehr Farben benannt haben. Falls Ihnen mehr Gefühle als Farben eingefallen sind, überprüfen Sie als nächstes, ob die positiven oder die negativen Gefühlsbezeichnungen überwiegen.

Sind Ihnen mehr unterschiedliche Farbtöne eingefallen als Gefühlsbezeichnungen, dann geht es Ihnen so wie vielen anderen Menschen. Bleiben Sie ganz entspannt und beobachten Sie, welches Gefühl dieser Test in Ihnen auslöst – bestenfalls ohne sich selbst zu bewerten. Das Resultat zeigt Ihre bisherigen Erfahrungen. Und Sie können heute entscheiden, ob Sie Gefühlen zukünftig einen anderen Stellenwert in Ihrem Alltag einräumen wollen.

Damit Sie in Zukunft aktiver mit Ihren Gefühlen umgehen und diese differenzierter benennen können, folgt auf den Seiten 60 und 61 eine Auswahl an möglichen Bezeichnungen für unsere emotionalen Zustände. Erstaunlich, welch unterschiedliche, vielfältige Gefühlsbezeichnungen es gibt. Wenn Sie mögen, können Sie sich jede Woche drei neue Gefühlsbegriffe herausgreifen, die Sie gezielt anwenden, um Ihr aktives Repertoire an unterschiedlichen Gefühlsbezeichnungen zu erweitern.

Gefühle, wenn sich unsere Bedürfnisse erfüllt haben

angeregt	enthusiastisch	geistreich	Lust haben	überschwänglich
abenteuerlich	entlastet	gemütlich	mit Liebe erfüllt	überwältigt
aufgeregt	entschlossen	gespannt	motiviert	unbekümmert
angenehm	entspannt	gerührt	munter	unbeschwert
atemlos	entzückt	gesammelt	mutig	unerschütterlich
aufgedreht	erfreut	geschützt	neugierig	vergnügt
ausgeglichen	erfrischt	glücklich	optimistisch	verliebt
befreit	erfüllt	gutgelaunt	ruhig	vertrauensvoll
begeistert	ergriffen	heiter	satt	verzaubert
behaglich	erleichtert	hellwach	schmelzend	wach
belebt	ermutigt	herzlich	schwungvoll	warmherzig
berauscht	erstaunt	hingerissen	selbstsicher	weit
beruhigt				
berührt	erwartungsvoll	hocherfreut	selbstzufrieden	wissbegierig
bescheiden	fantastisch	hoffnungsvoll	selig	zart
beschwingt	fasziniert	inspiriert	sicher	zärtlich
bewegt	frei	intensiv	sich freuen	zufrieden
bezaubert	freundlich	interessiert	sorglos	zugeneigt
dankbar	friedlich	jubelnd	spritzig	zugewandt
eifrig	fröhlich	kraftvoll	still	zutraulich
ekstatisch	froh	klar	stolz	zuversichtlich
empfindsam	gebannt	lebendig	strahlend	
energisch	gefasst	leicht	tapfer	
engagiert	gefesselt	liebevoll	überglücklich	
	gefühlvoll	locker	überrascht	
	gelassen	lustig	überschäumend	

Gefühle, wenn sich unsere Bedürfnisse nicht erfüllt haben

abgeschnitten	empört	in Panik	schlechtgelaunt	uninspiriert
abwehrend	entmutigt	irritiert	schüchtern	unruhig
ängstlich	enttäuscht	jämmerlich	schockiert	unzufrieden
ärgerlich	entrüstet	kalt	schrecklich	verängstigt
apathisch	ermüdet	kribbelig	schuldig	verärgert
argwöhnisch	ernüchtert	lasch	schwer	verbittert
ausgelaugt	erschlagen	lieblos	skeptisch	verklemmt
befangen	erschöpft	lethargisch	sorgenvoll	verletzt
bedrückt	erschreckt	lustlos	streitlustig	verloren
beklommen	erschrocken	missmutig	teilnahmslos	verrückt
beschämt	faul	miserabel	todtraurig	verschlafen
beunruhigt	frustriert	misstrauisch	überhitzt	verschlossen
besorgt	furchtsam	müde	überwältigt	verschreckt
bestürzt	gehemmt	nervös	unbeteiligt	verspannt
betroffen	geladen	niedergeschlagen	voller Sorgen	verstört
bitter	gelangweilt	passiv	unklar	verzweifelt
deprimiert	gemein	peinlich	unglücklich	verwirrt
dumpf	gequält	perplex	unnahbar	widerstrebend
durcheinander	gestört	ruhelos	unter Druck	widerwillig
durchgeschüttelt	gleichgültig	traurig	unbehaglich	wütend
eifersüchtig	feindselig	sauer	ungeduldig	zappelig
einsam	hilflos	scheu	ungemütlich	zitternd
empfindlich		schlapp		zögerlich

Menschen neigen in aller Regel dazu, gerade ihre negativen Gefühle zu unterdrücken. Das liegt zum einen daran, dass wir uns oft nicht ausreichend verbunden mit anderen Menschen erleben. Wir fühlen uns nicht sicher oder geborgen genug, um authentisch zu sein. Zum anderen wird häufig davon ausgegangen, dass das Zulassen von negativen Gefühlen ein Zeichen von Schwäche ist. So versuchen wir, voreinander unsere negativen Gefühle zu verbergen, und bemerken gar nicht, dass wir uns dadurch immer weiter von uns selbst entfernen. Dabei zeigt die Erfahrung, dass das Leben eine bunte Mischung aus positiven und negativen Momenten ist. Wir könnten uns einfach entscheiden, unser Leben in all seinen Facetten anzunehmen.

> *Ich denke, das Ziel im Leben ist nicht, immer glücklich zu sein,*
> *sondern all unser Lachen zu lachen und all unsere Tränen zu weinen.*
> *Was auch immer sich in uns offenbart,*
> *es ist das Leben, das sich darin zeigt,*
> *es ist immer ein Geschenk, sich damit zu verbinden.*
> Marshall Rosenberg

Ich bin davon überzeugt, dass die Unterdrückung von Gefühlen auch mit unseren Bewertungen zu tun hat. Wenn Menschen negative Gefühle äußern, womöglich noch laut und in der Öffentlichkeit, dann fühlen sich die anderen schnell peinlich berührt oder beschämt. Negative Gefühle sind auch heute noch sozial weniger akzeptiert als positive Gefühle. Denken Sie nur an das kleine Kind im Supermarkt, das sich laut schreiend auf dem Boden wälzt. Die Reaktion der Umstehenden würde sicher ganz anders aussehen, wenn das Kind lauthals lacht, weil es sich gerade so freut.

Dabei sind Gefühle an sich weder positiv noch negativ. Gefühle sind genaugenommen nur Indikatoren – Gradmesser –, die uns eine Rückmeldung geben. Und zwar eine individuelle Rückmeldung, ob das, was gerade passiert, unseren Bedürfnissen und Wünschen entspricht oder nicht. Positive Gefühle stellen sich ein, wenn etwas geschieht, das wir mögen. Negative Gefühle weisen uns darauf hin, dass das, was geschieht, nicht unseren Vorstellungen entspricht. Gefühle helfen uns folglich, uns selbst besser kennenzulernen. Denn unsere eigenen Bedürfnisse sind oft tief in unserem Inneren verborgen, und unsere Gefühle sind sozusagen der Schlüssel zu unseren Bedürfnissen.

Rezept zum „Glücklich sein"
1. Nach innen horchen
2. Die eigenen Gefühle wahrnehmen
3. Die eigenen Gefühle annehmen
4. Die eigenen Gefühle für sich selbst laut aussprechen
5. Sich fragen: Welche meiner Bedürfnisse werden gerade erfüllt, welche nicht?
6. Sich fragen: Was müsste passieren, damit ich mich ein kleines bisschen besser fühle?
7. Stolz und dankbar sein, sich selbst und seiner Gefühle immer bewusster zu werden

Je besser wir uns selbst kennen, desto leichter können wir sagen, was wir brauchen und was wir uns von unserem Gegenüber wünschen. Dadurch entstehen ein tiefes Gefühl der Verbundenheit und ein achtsames und vor allem authentisches Miteinander. Jedes Bedürfnis ist wichtig, und selbst, wenn nicht jedes Bedürfnis in jedem Moment befriedigt werden kann, so darf es doch wahrgenommen und gewürdigt werden. Denn glücklich werden wir auch, wenn wir uns verstanden fühlen.

Unsere Gefühle entstehen in uns
Sind wir selbst für unsere Gefühle verantwortlich oder werden diese weitgehend von anderen Menschen ausgelöst? Dieser Frage werden wir im Folgenden nachgehen. Natürlich können andere dazu beitragen, dass wir uns besser oder schlechter fühlen. Das haben wir alle schon erlebt. So gibt es wahrscheinlich in jeder Kita Kinder, die die eine oder andere Fachkraft „auf die Palme bringen". Aber nicht jede fühlt sich gleichermaßen genervt. Die eine ist ärgerlich, die andere wütend, die nächste vielleicht überrascht.
Jeder Mensch reagiert aus seiner Geschichte heraus mit einem persönlichen Gefühl, weil auch bei jedem ein anderes Bedürfnis nach Befriedigung ruft. Die eine Erzieherin möchte ernst genommen werden, die andere erfolgreich sein, die nächste sucht Bestätigung. Je nachdem, welches Bedürfnis unerfüllt bleibt, entstehen unterschiedliche Gefühle. Wenn ein Kind in uns zum Beispiel Ärger auslöst, geht es nicht darum, das Kind für unser Missfallen verantwortlich zu machen, sondern darum, die unerfüllten Bedürfnisse in uns selbst zu erkennen.
Wenn Sie gerade ein Mitarbeitergespräch hatten und Ihre Leitung begeistert von Ihrer Arbeit war, werden Sie anschließend das Verhalten eines Kindes ganz anders interpretieren als wenn Sie gerade kritisiert worden sind. Abhängig von unserem momentanen Zustand entstehen unterschiedliche Gefühle.
Fakt ist also, dass wir alle selbst für unsere Gefühle verantwortlich sind. Ob etwas in uns positive oder negative Gefühle auslöst, hängt von der persönlichen Gesamtverfassung ab, von den eigenen Bedürfnissen, Vorstellungen und Wünschen. Wir können in jedem Moment selbst entscheiden, auf

welchen Aspekt wir unsere Aufmerksamkeit richten. Fokussieren wir auf das „nervige" Verhalten eines Kindes oder freuen wir uns an seiner Erzählkunst? Es gibt in jeder Situation positive und negative Aspekte. Wir entscheiden selbst, welche Gedanken wir denken und welche Gefühle wir fühlen wollen.

> **Bedürfnisse**
> Reflektieren Sie bitte fünf Situationen aus Ihrem Alltag, in denen Sie positive Gefühle erlebt haben. Und überlegen Sie, welches Bedürfnis im jeweiligen Moment gerade erfüllt wurde.
> Anschließend überdenken Sie fünf Situationen aus Ihrem Alltag, in denen Sie negative Gefühle erlebt haben, und überlegen, welche Bedürfnisse in diesen Momenten unerfüllt geblieben sind.

Im ersten Moment fallen Ihnen zu den negativen Gefühlen vielleicht Beispiele ein, wie: Ich bin ärgerlich, weil die Eltern so hohe Ansprüche stellen. Hier suchen Sie zunächst nach der Begründung im Außen – bei den Eltern. Im nächsten Schritt überlegen Sie, was das mit Ihnen zu tun haben könnte. Es ist möglich, dass Sie ärgerlich sind, weil Sie nicht wissen, wie Sie es den Eltern recht machen können. Im dritten Schritt kommen Sie Ihrem eigentlichen Bedürfnis auf die Spur: Vermutlich wünschen Sie sich Wertschätzung durch die Eltern. Das Gefühl des Ärgers entsteht, weil Sie nicht wissen, was Sie tun können, um diese Wertschätzung zu erhalten.
Ziel dieser Reflexion ist zu lernen, ganz bei sich zu bleiben: Ich bin fröhlich, weil ich mich wertgeschätzt fühle. Ich bin genervt, weil es mir zu laut ist und ich mir Ruhe wünsche. Dann liegt die Verantwortung für die eigenen

Gefühle bei jedem selbst, und diese können wirklich als Wegweiser genutzt werden. Aus meiner Erfahrung heraus sind es immer wieder dieselben Bedürfnisse, die für jeden Einzelnen bedeutsam sind. Wählen Sie zunächst aus der folgenden Liste die drei bis fünf Bedürfnisse aus, die Sie besonders ansprechen, und überprüfen Sie dann, inwieweit diese Bedürfnisse in Ihrem Berufsalltag erfüllt werden. Nach Marshall Rosenberg, dem Begründer der gewaltfreien Kommunikation, sind insbesondere die folgenden Bedürfnisse in unserem Erleben bedeutsam:

- Autonomie
- Feiern
- Integrität / Stimmigkeit mit sich selbst
- Interdependenz / Kontakt mit anderen
- Nahrung für den Körper
- Spielen
- Spirituelle Verbundenheit

> Wie können Sie die eigenen Bedürfnisse besser spüren und zum Ausdruck bringen? Schauen Sie sich bitte die folgenden Beispiele an und ergänzen Sie dann aus Ihrem Alltagserleben:
>
> **Es wäre schön, wenn …**
> - die Kinder nicht so laut wären – mein Bedürfnis nach Ruhe erfüllt werden könnte
> - die Kollegin ihre Kaffeetasse wegräumen würde – mein Bedürfnis nach Ordnung erfüllt werden würde
> - die Leitung einen ordentlichen Dienstplan erstellt – mein Bedürfnis nach Klarheit und Struktur erfüllt werden würde

Nun folgen Ihre ganz persönlichen Bedürfnisse:

- Es wäre schön, wenn _____

- Es wäre schön, wenn _____

- Es wäre schön, wenn _____

Diese Überlegungen unterstützen Sie dabei, mehr innere Klarheit und positive Gefühle zu entwickeln. Durch das Bewusstwerden des unerfüllten Bedürfnisses erkennen Sie, um was es im Moment für Sie persönlich geht. Die Formulierung „Es wäre schön, wenn ..." verhilft dazu, im sogenannten Wunschmodus zu bleiben. Dadurch verhindern Sie, dass Sie sich selbst boykottieren. Denn sagen wir zum Beispiel zu uns selbst „Ich fühle mich jetzt besser, ich fühle mich jetzt besser", setzt uns das meistens nur unter Druck. Die Formulierung „Es wäre schön, wenn ich mich besser fühlen könnte" macht es einem dagegen leichter und ist deswegen erfolgreicher. Probieren Sie es doch einfach mal aus!

Die Kraft unserer Gedanken

Gedanken und Gefühle sind eng miteinander verwoben. Deshalb gehen wir im nächsten Schritt der Frage nach, wie Sie Glück im Denken finden können. Wussten Sie, dass jeder Mensch rund 60.000 Gedanken pro Tag hat? Einfach, weil unser Kopf gar nicht anders kann als zu denken. Wir denken über die Vergangenheit nach und reflektieren gemachte Erfahrungen. Diese projizieren wir in die Zukunft und denken folglich über zukünftige Ereignisse nach. Und wir durchdenken natürlich auch unsere Gegenwart.

Unsere Gedanken haben unterschiedliche Qualitäten: Manches denken wir bewusst, anderes wieder mehr oder weniger automatisch. Die einen Gedanken erzeugen positive Gefühle, andere lassen uns ängstlich oder angespannt zurück. Jeder kennt Gedanken, die er immer wieder hat. Und vielleicht haben Sie auch schon erlebt, dass Sie etwas gedacht haben und kurz darauf ist genau dieses Ereignis eingetreten. Vielleicht hat zum Beispiel eine Freundin angerufen, kurz nachdem Sie gedacht haben, Sie würden gerne wieder mal mit ihr sprechen?

Gedanken scheinen sehr machtvoll zu sein. Das lässt sich schon daran erkennen, dass allen Erfindungen der Menschheit zunächst ein Gedanke vorausgegangen ist. Grundsätzlich liegt jeder Entwicklung eine Idee zugrunde. Dieses Buch zum Beispiel war zunächst auch nur ein Gedanke, der jetzt Realität geworden ist. Wenn wir einen Urlaub buchen, dann haben wir zuerst eine Idee, wohin wir gerne reisen möchten. Gedanken erschaffen unsere Realität. Wenn wir positive Gedanken denken, erschaffen wir eine positive Zukunft.

Reflektieren Sie bitte Ihren Alltag: Wo und wann haben Sie bereits erlebt, dass Ihre Gedanken Realität ersc haffen? Listen Sie bitte fünf Beispiele auf:

1. ....
2. ....
3. ....
4. ....
5. ....

Es ist nicht nur bekannt, dass Menschen etwa 60.000 Gedanken am Tag denken, sondern auch, welche Qualitäten diese Gedanken in der Regel haben. Bei den meisten Menschen sind circa drei Prozent der Gedanken positiv, 25 Prozent negativ und 72 Prozent unbewusst, sodass wir gar nicht bemerken, ob sie positiv oder negativ sind. Wenn wir davon ausgehen, dass wir im Durchschnitt 7,5 Stunden schlafen und in dieser Zeit nicht denken, dann folgt daraus, dass jeder von uns in jeder wachen Minute rund 2 positive und 16 negative Gedanken hat. Zusätzlich sind es noch 45 Gedanken, die zwar automatisch ablaufen, jedoch einen messbaren Einfluss auf unser Befinden haben.

Es ist folglich ganz normal, auch negative Gedanken zu haben. Deswegen muss sich wirklich niemand schlecht fühlen. Denn alleine der Vorsatz, ab sofort keine negativen Gedanken mehr zu haben, würde nur Druck aufbauen und dadurch alles andere als glücklich machen.

Warum so viele Gedanken unbewusst sind
Die Anzahl unserer automatischen oder unbewussten Gedanken lässt sich anhand der menschlichen Persönlichkeitsstruktur erklären: Alle Menschen verfügen sowohl über ein Bewusstsein als auch ein Unterbewusstsein. In welcher Relation stehen diese beiden Anteile zueinander? Die Expertin für gehirngerechtes Lernen, Vera Birkenbihl (2013), hat es folgendermaßen auf den Punkt gebracht: Angenommen, das Bewusstsein wäre ebenso wie das Unterbewusstsein ein Wollknäuel und wir würden diese beiden Knäuel ausrollen und gerade auslegen, würde sich unser Unterbewusstseins-Knäuel über 11 Kilometer erstrecken. Der Wollfaden des Bewusstsein-Knäuels wäre hingegen nur 15 Millimeter lang. Unser Unterbewusstsein ist folglich um ein weit Vielfaches größer als unser Bewusstsein.

Der Autor Alexander Hartmann („Mit dem Elefant durch die Wand") wählt ein anderes Bild und vergleicht das Unterbewusstsein mit einem Elefanten und das Bewusstsein mit dem dazugehörigen Reiter. Angenommen, Sie wären der Reiter und der Elefant würde nach rechts abbiegen wollen, Sie aber nach links, wer gewinnt? Auf den ersten Blick wohl der Elefant.

Damit stellt sich die Frage, ob wir unserem Unterbewusstsein hilflos ausgeliefert sind. Die Antwort lautet jedoch ganz klar Nein, denn wir können unseren Elefanten steuern: Zum Beispiel, indem wir ihm mit einem Obstkorb einen bestimmten Weg schmackhaft machen. So lässt sich der Elefant motivieren, in die von uns gewünschte Richtung zu gehen. Und genauso können wir lernen, unser Unterbewusstsein durch unsere Gedanken zu beeinflussen. Glück entsteht durch zunehmende Achtsamkeit den eigenen Gedanken gegenüber. Dazu ist es nicht notwendig, negative Gedanken zu vermeiden. Wenn Sie stattdessen beginnen, mehr Gedanken bewusst positiv zu lenken, vergrößert sich alleine dadurch Ihr individuelles Glücksempfinden. Natürlich dürfen Sie auch ganz gezielt negative in positive Gedanken umwandeln, indem Sie Ihre Perspektive verändern. Wählen Sie den Weg, der Ihnen am meisten zusagt. Vielleicht hilft Ihnen dabei auch das Gesetz der Minimalkonstanz, das besagt: Veränderungen in kleinen Schritten erzielen bei regelmäßiger Wiederholung den größten Erfolg.

Übung 1: Erinnern Sie sich? Dankbarkeit ist das Hilfsmittel, um die eigenen Gedanken stärker auf die positiven Aspekte auszurichten. Falls Sie noch nicht begonnen haben, schreiben Sie bitte ab jetzt jeden Tag fünf Erlebnisse auf, für die Sie dankbar sind.

Übung 2: Konzentrieren Sie sich auf positive Aspekte: Ich freue mich auf diesen Tag, über das Wetter, auf heute Abend …

Übung 3: Schreiben Sie Ihre Stärken auf: jeden Tag fünf kleine Punkte, die Sie stolz auf sich sein lassen.

Stellen Sie sich vor, unsere Gedanken wären Wassertropfen.
Wenn wir denselben Gedanken immer wieder denken,
erschaffen wir eine bestimmte, unglaubliche Ansammlung an Wasser.
Zuerst entsteht eine kleine Pfütze, dann ein Teich,
und während wir denselben Gedanken weiterdenken,
entsteht ein See und schließlich ein Ozean.
Wenn unsere Gedanken negativ sind,
können wir in unserer eigenen Negativität ertrinken.
Wenn unsere Gedanken positiv sind,
können wir auf dem Ozean des Lebens schwimmen.
frei nach Louise Hay

Das Geschenk des inneren Raumes

Wer auf dem Ozean des Lebens schwimmen möchte, wird sich die Frage stellen, wie es denn möglich sein kann, mehr positive Gedanken zu denken. Das funktioniert meistens jedoch nicht auf Knopfdruck. Wir dürfen vielmehr langsam herausfinden, wie wir uns aus dem Strudel der Negativität befreien und den Blick verstärkt positiv ausrichten können. Wenn Sie anfangen, still zu werden und in sich hineinzuhorchen, können Sie bemerken, dass Sie nicht gezwungen sind, negative Bewertungen vorzunehmen. Denn in allen Menschen gibt es einen Raum, in dem die Bewertung von Ereignissen stattfindet. Diesen Raum gilt es neu zu entdecken und zu füllen.

*Zwischen Reiz und Reaktion gibt es einen Raum.
In diesem Raum hat der Mensch die Freiheit und die Fähigkeit,
seine Reaktion zu wählen. In diesen Entscheidungen
liegen unser Wachstum und unser Glück.*
Viktor Frankl

In unserem schnelllebigen Alltag sind wir darauf trainiert, möglichst rasch und automatisiert zu reagieren. Dadurch geht dieser „Raum zwischen Reiz und Reaktion" verloren. Stattdessen handeln wir auf der Grundlage unserer Erwartungen, Vorstellungen und Glaubenssätze. Ich möchte Sie einladen, diesen Raum wiederzufinden.

> Erinnern Sie sich bitte an fünf Situationen, in denen Sie immer wieder gleich reagieren, und überlegen Sie anschließend, welche anderen Reaktionen gleichermaßen möglich wären.

Es gibt in jeder Situation niemals nur eine mögliche Reaktion, Ihnen steht immer ein ganzer „Blumenstrauß" an Möglichkeiten zur Verfügung. Das größte Geschenk, das Sie sich machen können, besteht darin, zu beobachten ohne zu bewerten. Dann trennen Sie Wahrnehmung und Interpretation und können situationsangemessen und liebevoll reagieren. Immer mit der Vorstellung, dass niemand absichtlich etwas falsch macht und jedes Verhalten im jeweiligen Moment die beste Option ist, die Ihr Gegenüber gerade wahrnehmen kann.

Anstatt zu bewerten, können Sie ruhig werden und sich die Frage stellen: „Was könnte ich heute tun, damit mein Gegenüber glücklicher ist?" Damit laden wir das Glück auch zu uns ein. In einem ruhigen und klaren Geist ist das Glück ganz automatisch zuhause.

> *Achtsamkeit ist ein aufmerksames Beobachten, ein Gewahrsein,*
> *das völlig frei von Motiven oder Wünschen ist,*
> *ein Beobachten ohne jegliche Interpretation oder Verzerrung.*
> Jiddu Krishnamurti

> Wählen Sie drei Situationen aus Ihrem Alltag aus, in denen Sie ab heute ganz bewusst nicht sofort reagieren wollen. Überlegen Sie bitte für diese Situationen mögliche Reaktionen, indem Sie innehalten und sich fragen, was Sie tun können, damit Ihr Gegenüber glücklicher ist.

Dass Sie ein großes Herz mit sich selbst haben – das war mein Wunsch für dieses erste Kapitel. Wenn es Ihnen jetzt gelingt, ein kleines bisschen liebevoller auf sich selbst zu schauen und nur einen positiven Gedanken am Tag mehr zu denken oder ein bisschen achtsamer mit sich selbst zu kommunizieren, dann haben Sie schon einen gewaltigen Schritt hin zu einem entspannteren Alltag getan. Ich wünsche mir, dass Sie sich angesprochen fühlen, dass Sie motiviert sind, etwas sanfter mit sich zu sein, denn in einem bin ich mir sicher: Sie haben es verdient!

2. Der eigenen Intuition vertrauen – neue Sichtweisen zulassen

Im Folgenden beschäftigen wir uns mit der pädagogische Haltung – dem zweiten Aspekt des Dreiklangs. Oft ist es nicht die Arbeit an sich, die den Alltag anstrengend macht. Vielmehr sind es Unklarheiten in der gemeinsamen Zielsetzung und ein fehlendes fachliches Fundament. Ausgehend von der bedürfnisorientierten Pädagogik werden wir versuchen, eine fachliche Haltung zu entwickeln, die Sie entspannt und froh werden lässt.

Durch neue Sichtweisen, verbunden mit der Bereitschaft zum Perspektivwechsel, entsteht Raum für die individuellen Begabungen und Talente jedes einzelnen Kindes. Wenn der Alltag konsequent an den Bedürfnissen der Kinder ausgerichtet wird, entwickelt sich eine wohlwollende und unterstützende Atmosphäre in der Kita, die auch den Erwachsenen guttut.

2.1 Beziehungslust statt Förderfrust

Und dann muss man ja auch noch Zeit haben,
einfach dazusitzen und vor sich hin zu schauen!
Astrid Lindgren

Wie werden Kinder fit für ihr weiteres Leben, und was brauchen sie, um sich zu kompetenten Erwachsenen entwickeln zu können? Und wie lernen Kinder? Aus einem eigenen inneren Antrieb heraus oder durch Interventionen der Erwachsenen? Das sind Fragen, die in den letzten Jahren in den Kitas intensiv diskutiert werden. Je nach pädagogischem Ansatz orientiert sich die tägliche Arbeit eher an den Stärken oder an den Schwächen der einzelnen Kinder. In der Folge nehmen sich Erzieherinnen und Erzieher auch eher als Beobachter und Begleiter oder als Förderer und Lehrende wahr. Durch die Auseinandersetzung mit der Bedeutung der Beziehungsarbeit werden Möglichkeiten für einen entspannteren Arbeitsalltag aufgezeigt. Dann gilt: Beziehungslust statt Förderfrust!

Kindheit früher – Kindheit heute
Kinder heute haben viel weniger unverplante Zeit als früher. Sie verbringen einen Großteil des Tages in Kita oder Schule, und anschließend stehen Kurse wie Ballett, Klavier oder Englisch an. Hat ein Kind mal einen Nachmittag frei, wird es häufig nach komplizierter Terminabsprache zu einem Freund gefahren, um dort für einen begrenzten Zeitraum zu spielen. Die heutigen Kinder müssen sehr früh lernen zu funktionieren. Um in der eng getakteten Welt der Erwachsenen bestehen zu können, wird von ihnen viel Anpassung erwartet. Die individuellen Bedürfnisse der Kinder bekommen entsprechend weniger Raum. Kindheit heute ist weitgehend geprägt vom Zeitdruck der Erwachsenen.

Dienstagmorgen um 7 Uhr in Deutschland
Die dreijährige Lena wird geweckt. Eigentlich würde sie lieber noch schlafen, aber die Eltern müssen zur Arbeit. Na gut, sie lässt sich anziehen. Am liebsten mag sie die rosa Hose, die dummerweise gerade in der Wäsche ist. Dann muss sie halt doch die alte blaue Hose anziehen. Anschließend möchte Lena mit ihrer Puppe spielen, soll aber stattdessen frühstücken. Sie hätte gerne ein Marmeladenbrot, bekommt aber Müsli, weil das viel gesünder ist. Lena möchte ausprobieren, ob die Haferflocken auf den Bananen schwimmen, doch dafür ist keine Zeit.
In der Kita will Lena zuerst Erzieherin Tina begrüßen, aber die ist noch nicht da. Dann macht sie sich auf in den Turnraum, leider ist der noch geschlossen. Lena will jetzt mit Max spielen, doch der spielt mit Nicole. Als Lena endlich im Bauraum ein Spiel, das ihr zusagt, gefunden hat, klingelt die Glocke: Sie muss zum Morgenkreis. Gerade als sie Spaß am Singen hat, weil sie das Lied mag, endet der Kreis …

Früher war nicht alles gut oder besser, natürlich nicht. Das will ich auch gar nicht behaupten. Doch frage ich Eltern, Erzieherinnen und Erzieher oder Lehrkräfte in meinen Seminaren, an welche Kindheitserlebnisse sie sich gerne und mit Freude zurückerinnern, bekomme ich immer wieder dieselben Antworten: Am schönsten war es, mit anderen Kindern gemeinsam im Viertel, im Wald, im Hof, in der Natur unterwegs zu sein. Nach dem Mittagessen los und abends wieder nach Hause; selbstbestimmt, autark und ohne Aufsicht durch Erwachsene. Aufgrund der klaren Regeln, wann man wieder zuhause sein musste, bestanden Freiheit und Geborgenheit zugleich. Raum für Erfahrungen, um Fehler zu machen, selbst Lösungen zu finden, gab es genug. Allein die Erinnerung an solche Kindheitserlebnisse zaubert den allermeisten Erwachsenen ein Lächeln ins Gesicht. Wie ist das bei Ihnen?

Kindheitserinnerungen

Nehmen Sie sich bitte ein paar Minuten Zeit und tauchen Sie ein in Ihre eigenen Kindheitserinnerungen. Was hat Sie selbstbewusst und stark werden lassen?

Im Spannungsfeld zwischen Geborgenheit und Freiheit

Das Bemerkenswerte an den Kindheitserinnerungen vieler Erwachsener ist das gleichzeitige Erleben von Geborgenheit und Freiheit. Menschen wollen sich zugehörig und verbunden fühlen und sich zugleich als eigenständige Individuen mit ihren ganz eigenen Bedürfnissen wahrnehmen können.

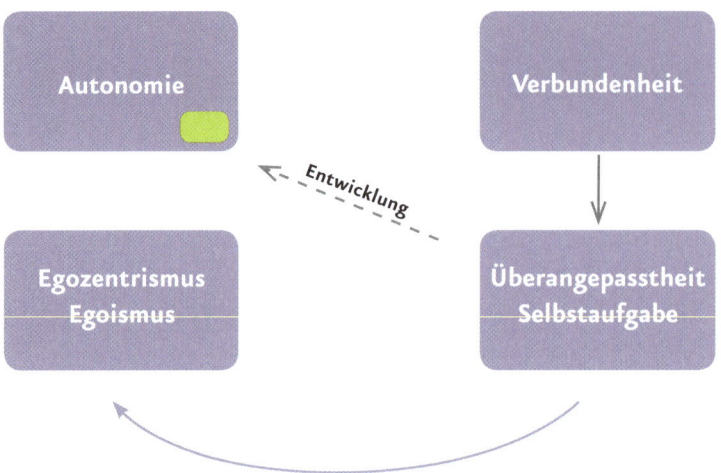

Dieses Zusammenspiel von Autonomie und Verbundenheit lässt sich anhand des Werte- und Entwicklungsquadrats von Friedemann Schulz von Thun (2007) erklären. In unserem Beispiel bilden die beiden Werte Autonomie und Verbundenheit das Gegensatzpaar. Damit jeder Wert seine positive Wirkung entfalten kann, müssen beide in Balance sein. Schulz von Thun konnte verdeutlichen, dass Menschen, die den Wert in der Grafik oben rechts (hier: Verbundenheit) intensiv ausleben, sozusagen allergisch gegen den Wert unten links (hier: Egoismus) sind. Weil sie diesen Wert in jedem Fall vermeiden möchten, machen sie den Wert oben rechts für sich immer größer. Dadurch rutscht dieser in die Übertreibung ab.

Verbundenheit im Übermaß führt dann zur Selbstaufgabe. In der Folge besteht die Gefahr eines Burn-out oder es kommt zu einer unbewussten, sogenannten Übersprungsreaktion. Dann wird die Person ganz automatisch – um selbst überleben zu können – eine egoistische Ader entwickeln. Und sie landet unbeabsichtigt genau dort, wo sie nie hinwollte: im Egoismus.

Heute kein Platz an der Sonne

Es ist Frühling, und die Erzieherin, Frau M., sehnt sich nach Sonne und Wärme. Heute hat sie einen randvollen Tag vor sich: Der nächste Elternsprechtag muss vorbereitet, das bevorstehende Schulkindertreffen organisiert werden, und dann gibt es noch ein neues Eingewöhnungskind, das am liebsten den ganzen

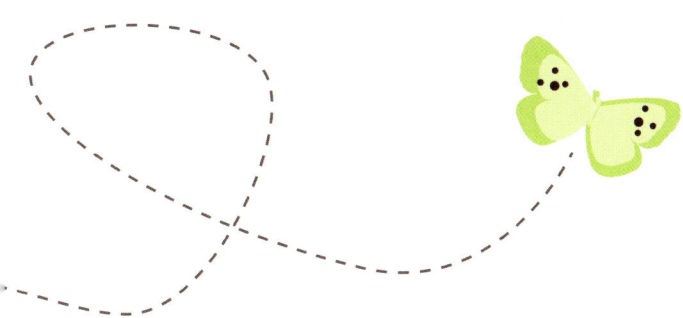

Tag mit ihr zusammen sein möchte. Es ist ihr langer Tag, und um 12 Uhr hat Frau M. Mittagspause. Schon den ganzen Vormittag freut sie sich darauf, denn das Wetter ist herrlich.

Doch die Zeit reicht hinten und vorne nicht, sodass am Mittag noch lange nicht alles erledigt ist, was bis dahin eigentlich fertig sein sollte. Frau M. beschließt, einen Teil ihrer Pause abzuzwacken und noch schnell ein paar wichtige Dinge zu erledigen. Und es kommt, wie es kommen muss: Die gesamte Mittagspause ist im Flug vorbei. In der Sonne ist Frau M. gar nicht gesessen. Gerade, dass sie es geschafft hat, im Laufschritt noch ein paar Mal in ihr mitgebrachtes Brot zu beißen.

Wenn so etwas manchmal passiert, ist es menschlich und ganz normal. Nur wer immer wieder, fast gewohnheitsmäßig, seine eigenen Bedürfnisse hintenanstellt, gerät aus der Balance. Wir vergessen uns selbst und verausgaben uns in der Fürsorge für andere. In der Folge wird das dazu führen, dass wir irgendwann mit großem Nachdruck für unsere Bedürfnisse einstehen – auf eine Art und Weise, die wir an uns selbst gar nicht mögen. Vielleicht kennen Sie das? Das berühmte Fass läuft plötzlich über, und Sie reagieren weitaus gereizter, als Sie eigentlich wollten. Ein Beispiel dafür ist eine Mutter, die zu ihren Kindern – wie aus heiterem Himmel – sagt: „Macht doch euren Mist allein! Ich bin doch nicht eure Putzfrau!"

Wie können wir diesen Kreislauf durchbrechen? So paradox es klingt: Indem wir unseren individuellen Bedürfnissen mehr Raum geben, vermeiden wir ein Abdriften in den Egoismus. Nur wer auch gut für sich selbst sorgt, kann auf diese Weise die beiden Werte Autonomie und Verbundenheit wieder ins Gleichgewicht bringen, wodurch Lebensfreude und Begeisterung zurückkehren. Trauen Sie sich, Ihren eigenen Bedürfnissen in kleinen Schritten mehr Raum zu geben. Auch Erwachsene dürfen Bedürfnisse haben. Sie könnten zum Beispiel einmal Nein sagen, wo Sie früher mit Ja geantwortet haben. Oder Sie erkennen sich selbst gegenüber an, wie viel Sie in den letzten Jahren für andere geleistet haben. Es geht in keinem Fall darum, Ihr Leben von heute auf morgen umzukrempeln. Viel eher können Sie darauf vertrauen, dass viele kleine Schritte dauerhaft und mit Leichtigkeit zum Ziel führen. Räumen Sie auf mit dem Missverständnis, dass für sich selbst zu sorgen egoistisch ist. Nach und nach werden Sie merken, wie Ihre Kräfte zurückkehren und Sie entspannter im Alltag sind.

Je entspannter die pädagogischen Fachkräfte sind, desto entspannter sind auch die Kinder. Das bedeutet: Je besser Sie für sich selbst sorgen und so die Balance zwischen Autonomie und Verbundenheit halten, umso wohltuender ist die Atmosphäre in der Kita.

Weiter gilt: Durch den Wandel der Kindheit (siehe Seite 76f.) sind wir aufgefordert zu prüfen, inwieweit die Alltagsgestaltung in der Kita auf die Bedürfnisse der Kinder von heute abgestimmt ist. Unter Umständen zeigen manche Kinder ein herausforderndes Verhalten, weil sie sich nicht im Gleichgewicht von Autonomie und Verbundenheit befinden. Je besser Sie auf die unterschiedlichen Bedürfnisse eingehen können, umso ausgeglichener sind die Kinder, und entsprechend wird der Alltag für alle entspannter und fröhlicher.

Die Balance zwischen Verbundenheit und Autonomie unterstützen
Das Baby erlebt die innige Verbundenheit mit der Mutter und seinen ersten Bezugspersonen. Es ist noch nicht in der Lage, sich seine Bedürfnisse selbst zu erfüllen. Wenn das Kind zu krabbeln beginnt, kann es erstmals seinem freien Willen folgen und sich von der Bezugsperson weg- oder auf diese zubewegen. Im Zuge der Ich-Entwicklung werden die Autonomie-Anteile seines Verhaltens immer größer. Mit jedem Tag wird das Kind selbstständiger. Die sogenannte Trotzphase ist der erste Ablösungsprozess des Kindes. Damit es ein Wertegleichgewicht zwischen Verbundenheit und Autonomie entwickeln kann, braucht es nun eine Vielzahl an Möglichkeiten, um seine individuellen Bedürfnisse kennenzulernen und auszuleben.

Folglich wäre es die Aufgabe, gerade auch in der Kita dafür Sorge zu tragen, dass das Kind die Chance bekommt, autonom zu sein, um seine individuelle Wertebalance zu finden. Stattdessen fordert der Betreuungsalltag in aller Regel von den Kindern unendlich viele Anpassungsleistungen. In der Folge reagieren viele Kinder entweder überangepasst oder ich-bezogen. Überangepasste Kinder verlernen ihre eigenen Bedürfnisse wahrzunehmen und sind im Alltag daran erkennbar, dass sie auch auf Nachfrage häufig keine Ideen für ein Spiel haben oder nicht sagen können, was sie gerade tun möchten. Kinder, die ich-bezogen reagieren, treten hingegen mit zunehmender Vehemenz für ihre eigenen Bedürfnisse ein, können nicht so gut Rücksicht nehmen oder fallen immer wieder durch Wutanfälle auf. Je mehr Sie von einem Kind, das dieses Verhalten zeigt, Anpassung einfordern, umso extremere Verhaltensweisen wird es entwickeln. Einfach, weil dies seine einzige Möglichkeit ist, auf sich und seine Bedürfnisse aufmerksam zu machen. Bekommt ein Kind jedoch die Chance, seine individuellen Bedürfnisse zu spüren, und erlebt, dass es okay ist – auch oder gerade weil es für seine Bedürfnisse einsteht –, kann es nach und nach in die Balance von Verbundenheit und Autonomie kommen.

Kinder entwickeln soziales Verhalten, wenn ihre Bedürfnisse gesehen werden

Zugehörigkeit scheint das wichtigste menschliche Bedürfnis überhaupt zu sein. Jeder möchte ein Teil der Gemeinschaft sein und zu deren Gelingen beitragen. Deshalb müssen wir den Kindern soziales Verhalten nicht beibringen. Sie lernen es von selbst, wenn sie die Erfahrung machen, dass sie sich zugehörig fühlen können. Eine Grundvoraussetzung dafür ist die Entwicklung von Empathie. Kinder müssen Kind sein dürfen und so angenommen werden, wie sie sind. Dann werden im Frontalhirn jene Funktionen aktiviert, die die Bereitschaft zur Empathie und zum sozialen Miteinander begünstigen.

Großmann und Großmann (2004) konnten darüber hinaus zeigen, dass Kinder, die mit weniger Verboten aufwachsen – also mehr Raum für Autonomie haben –, folgsamer werden als diejenigen, die stark reguliert wurden.

Zum Nachdenken

Wo und wann im Kita-Alltag erwarten Sie von den Kindern Anpassung? Welche kleinen Veränderungen würden mehr Raum für Individualität bieten? Listen Sie bitte zehn Situationen auf, bei denen Sie ab sofort mehr Autonomie zulassen wollen:

1.
2.
3.
4.
5.
6.
7.
8.
9.
10.

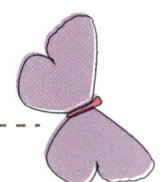

Früher haben sich Zeiten, in denen Kinder sich anpassen und einordnen mussten, abgewechselt mit Zeiten, in denen sie sich ausprobieren und individuell beschäftigen konnten. Heute sieht das ein wenig anders aus (siehe Seite 76f.). Deshalb ist es umso wichtiger, die Erwartungen, die an Kinder gestellt werden, zu überprüfen. Viele Abläufe im Kita-Alltag können entschlackt, entspannt und individualisiert werden. Und damit meine ich nicht, dass Sie die Kita-Türen öffnen und zu den Kindern sagen: „Wenn die Glocke klingt, seid ihr wieder da." Es geht vielmehr darum, mehr Möglichkeiten zu finden, die Kinder selbst entscheiden zu lassen: ob sie mit nach draußen gehen wollen, ob sie hungrig sind, mit wem sie wo spielen möchten, ob sie an einem Angebot teilnehmen oder lieber nicht … Das entspannt sowohl die Kinder als auch die pädagogischen Fachkräfte, weil sie dann interessenorientiert mit den Kindern arbeiten.

Natürlich muss und soll es in jeder Kita Grenzen geben. Es geht nicht um eine Haltung des Laisser-faire, sondern darum, wie Schritt für Schritt für jedes einzelne Kind etwas mehr Entscheidungsspielraum entstehen kann. Vielleicht sind dabei einige Hürden zu nehmen, Erwartungen der Eltern zu klären und neue Absprachen im Team zu treffen. Aus der Erfahrung in meinen Seminaren kann ich Sie jedoch nur ermutigen, sich auf den Weg zu mehr Selbstbestimmtheit zu begeben, weil es die Atmosphäre in Ihrer Kita zum Positiven verändert. Bei der Entscheidung können Sie die beiden folgenden Fragen unterstützen:

Frage 1: Würde ich das mögen?
Erwachsene erwarten von Kindern oft Anpassungsleistungen, die sie selbst nicht erbringen möchten:
- Essen Sie immer die „Kita-Mahlzeiten?" Oder entscheiden Sie manchmal, dass Sie etwas davon nicht mögen?

- Sie sind gerade mit Ihrem liebsten Hobby beschäftigt und Ihr Partner fordert Sie auf, mit ihm spazieren zu gehen. Gehen Sie dann freudestrahlend mit?
- …

Die Liste ließe sich endlos fortsetzen. Vielleicht haben Sie Lust, sich selbst einmal unter die Lupe zu nehmen und zu überlegen, wie Sie sich fühlen würden, wenn andere Menschen die gleichen Erwartungen an Sie hätten, die Sie an Kinder stellen.

Frage 2: Was ist das Schlimmste, das passieren könnte?
In vielen Situationen handeln wir aufgrund übernommener Wertvorstellungen oder aus Gewohnheit. Wenn Sie beginnen, den Raum zwischen Reiz und Reaktion wieder zu erobern (siehe Seite 71ff.), gibt es jedoch viele verschiedene Handlungsoptionen. Hier hilft die Frage: Was ist das Schlimmste, das passieren könnte? So können Sie auch abgleichen, ob Ihr Eingreifen notwendig und sinnvoll ist oder ob Sie das Kind selbst entscheiden lassen können.

Je achtsamer und geübter Sie sind, umso größer wird auch der Raum für jedes einzelne Kind. Der Entscheidungsfreiraum für Kinder endet immer dann, wenn Menschen oder Gegenstände zu Schaden kommen könnten. Hier würde ich noch zwischen Wertgegenständen und Verbrauchsmaterialien unterscheiden. Verbrauchsmaterialien dürfen, wie der Name schon sagt, verbraucht werden. Ob der eine Strich auf dem Blatt schon ein Bild darstellt oder nicht, kann ich schwer entscheiden. Dagegen würde ich ein Kind keine Stühle zersägen lassen.

> **Gedankenexperiment**
> **Was ist das Schlimmste, das passieren könnte, wenn …**
> - die Nudeln im Wasserglas landen?
> - die Kleiderärmel nass werden?
> - das Kind nicht beim Stuhlkreis mitmachen will?
> - nicht jedes Kind schlafen möchte?
> - heute einmal nicht aufgeräumt wird?
>
> Überlegen Sie bitte nach diesem Abgleich für die genannten Beispiele neue Reaktionsmöglichkeiten.

Probieren Sie aus, wo Ihre Grenzen sind, und wo Sie Kindern im Alltag Schritt für Schritt mehr Autonomie zugestehen könnten. Sie werden feststellen, dass Sie Ihre Ziele auf diese Art mit mehr Leichtigkeit erreichen. Und wenn Sie die erste Hürde gemeistert haben, werden Sie merken, dass Sie viel mehr Spaß und Freude in Ihrem Alltag haben.

Max experimentiert

Max hat entdeckt: Wenn er Müsli, Milch und Kabapulver in eine Schüssel gibt, schwimmt das Pulver immer oben. Und wenn die Schüssel schön voll ist, läuft die Milch über. In einer langen Experimentierreihe konnte Max herausfinden, dass er dieselbe Menge Milch, Kabapulver und Müsli problemlos in die Schüssel geben kann, wenn er zuerst das Kabapulver einfüllt, darauf das Müsli gibt und zum Schluss die Milch einfüllt. Das Kabapulver wird dabei durch das Müsli beschwert, bleibt am Boden, die Milch bildet einen Krater im Müsli und das Ganze funktioniert (vgl. Henneberg, Klein & Schäfer 2011).

Max aus unserem Beispiel konnte eine tolle physikalische Erfahrung machen und durfte überdies erleben, dass es in Ordnung ist, seinem Forscherdrang nachzugehen. Wirklich Dramatisches ist dabei nicht passiert, es musste lediglich etwas verschüttete Milch aufgewischt werden. Hand aufs Herz: Wie oft unterbinden Erzieherinnen und Erzieher solche Erfahrungen aus vermeintlich „vernünftigen" Gründen?

2.2 Großziehen oder wachsen lassen?

Werden Kinder fit für Ihr weiteres Leben, wenn wir sie aus sich selbst heraus wachsen lassen oder müssen wir sie großziehen? Wer davon ausgeht, dass Kinder nur durch die Unterstützung von Erwachsenen lernen, muss sich die Frage gefallen lassen, ob er selbst in seiner Kindheit denn nichts aus eigenem Antrieb gelernt hat.
Menschen lernen immer. Hier geht es vielmehr darum, welches berufliche Selbstverständnis diejenigen, die mit Kindern arbeiten, jeweils entwickelt haben und ob die Erwachsenen genügend Vertrauen in den Selbstbildungsprozess der Kinder haben.
Warum fällt es uns nur manchmal so schwer, den Kindern zu vertrauen und sie wachsen zu lassen? Warum denken wir noch immer, wir müssten ihnen unbedingt etwas beibringen?

Mit Begeisterung lernen
Wenn ein Mensch etwas gerne und mit Begeisterung tut, „geht im Gehirn eine Gießkanne an und das Gehirn wird gedüngt und wächst und wächst und wächst" (Hüther 2013, S. 92). Wissenschaftlich lässt sich das mit den sogenannten Neurotransmittern erklären, die ausgeschüttet werden, wenn Menschen begeistert sind. Jeder von uns kennt das: Inhalte, die uns begeistern,

lernen wir mit großer Leichtigkeit und Effizienz. Dagegen prallen Inhalte, die uns langweilen oder zu denen wir keinen emotionalen Bezug herstellen können, bestenfalls an uns ab. Wenn Kinder „in Begeisterung baden", entstehen neue neuronale Verknüpfungen, und das Gehirn wächst. Das nennen wir Lernen.

Die Kinder nutzen dabei die auf Seite 37ff. beschriebenen Strategien – Nachahmen, Wiederholen, Variieren – und werden so immer besser in ihrem Tun. Jeder Lernprozess wird durch die Begeisterung doppelt befeuert. Zum einen entstehen neue synaptische Verbindungen im Gehirn, zum anderen sorgt die Begeisterung dafür, dass die Kinder bei der Sache bleiben und mit Freude über einen längeren Zeitraum ihre Kompetenzen erweitern.

Lego spielen!
Nehmen wir an, ein Kind spielt mit großer Begeisterung Lego. Was tut es dann den ganzen Tag? – Lego spielen! Das Kind wird immer neue Wege und Möglichkeiten zu bauen ausprobieren. Und diese immer wieder nachahmen, wiederholen und variieren. Dabei geht es zunehmend geschickter, fantasievoller und kompetenter vor. Das Lernen erfolgt quasi nebenbei, voller Freude und Spaß. Sein Gehirn wächst, und das Kind erlebt, dass es sich voller Konzentration einer Aufgabe widmen und Schwierigkeiten meistern kann.

Im Kita-Alltag geht es folglich darum, dafür zu sorgen, dass jedes Kind seine Begeisterung entdecken und ausleben kann. Dabei kann nur das Kind selbst entscheiden, wofür es gerade bereit ist und wodurch seine Begeisterung geweckt wird. Das bedeutet, dass wir uns als Begleiter der Kinder, als Impulsgeber verstehen.

Großziehen oder wachsen lassen?

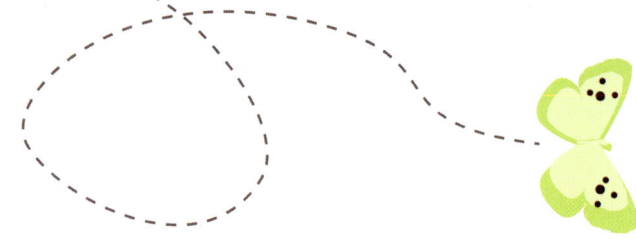

Und daraus folgt auch, dass es keine Angebote geben kann, die für alle Kinder aktuell gleichermaßen passend sind.

> *Kinder sind aktive Konstrukteure ihres Wissens.*
> *Sie nehmen nicht passiv, durch Belehrung fertiges Wissen auf,*
> *sondern erstellen aus dem, was sie hören und sehen,*
> *eine individuelle Wissensstruktur.*
> Loris Malaguzzi

Begeisterung, Fantasie und Lernen gehen immer Hand in Hand. Wenn wir den Kindern Raum geben für ihr fantasievolles Spiel, entsteht Begeisterung geradezu nebenbei. Von Jean Piaget (1998) wissen wir, dass das fantasievolle Spiel die Entwicklung des Gehirns entscheidend unterstützt. Durch die Kombination verschiedener Erlebnisse und Erkenntnisse entstehen neue neuronale Verknüpfungen: Das Gehirn wächst.

Paul will Wikinger werden

Der dreijährige Paul will Wikinger werden: „Wenn ich groß bin und als Wikinger über die Meere fahre, werde ich unter Deck Kühe halten und Getreide anpflanzen!" Wie kommt er auf diese Idee? Das Kind hat seine Fantasiewelt Wikinger mit seiner realen Lebenswelt kombiniert. Es weiß, dass Menschen Essen und Trinken zum Überleben benötigen, und sein Gehirn hat eine Lösung dafür gesucht, wie das auf Reisen zu bewerkstelligen ist. Da Paul wohl davon ausgeht, dass er als Wikinger nicht an jeder Küste willkommen ist, muss er eine Lösung finden, die ihn unabhängig von den Landbewohnern macht. Bis ich diesen Satz aus dem Mund von Paul gehört habe, hatte ich noch nie von der Idee gehört, unter Deck Landwirtschaft zu betreiben. Das

Kind hat diese Vorstellung ganz aus sich heraus erschaffen und einen neuen Pfad in seinem Gehirn, eine neue neuronale Verknüpfung, erstellt.

Erfinder dieser Welt machen es genauso: Sie kombinieren alte und neue Erkenntnisse und kreieren so Lösungen für Probleme. In unserer immer komplexer werdenden Welt ist das eine bedeutsame Fähigkeit. Arbeitsprozesse können von Robotern oder Maschinen übernommen werden. Das Denken, die Entwicklung neuer Lösungen dagegen bleiben vermutlich dem Menschen vorbehalten. Wenn wir Kindern ermöglichen, fantasievoll zu spielen, gestatten wir ihnen, ihre individuelle Intelligenz zu entwickeln. Sind daran auch viele Sinne beteiligt, gelingt Lernen. Auf diese Weise werden die Kinder bestmöglich auf ihr Erwachsensein vorbereitet.

> *Der Bau der Kenntnisse ist ein großer Tanz,*
> *der sich in Raum und Zeit bewegt.*
> *Der Prozess des Lernens ist*
> *eine täglich neue Mischung der Kenntnisse.*
> *Kinder lernen nicht linear, ihr Lernen gleicht*
> *dem Flug eines Schmetterlings,*
> *der sich bald hier, bald dort niederlässt.*
> Hans-Joachim Laewen

Kinder brauchen für ihr individuelles Lernen vor allen Dingen Zeit. Zeit, in der sie ihren eigenen Ideen folgen, und Zeit, in der aus der Langweile heraus neue Denkprozesse entstehen können. Außerdem benötigen sie geeignetes Material und den Zuspruch der Erwachsenen. Und bei Bedarf Hilfe oder Unterstützung!

Was sie nicht brauchen, ist Entertainment durch Erwachsene und eine von ihnen getroffene Themenwahl. Auch wenn es Programme, Angebote und Projekte gibt, die Kindern viel Spaß machen, dürfen wir uns immer fragen, ob das, was wir in der Kita planen, die Fantasie und vor allen Dingen die Lernstrategie „Variieren" anregt und fördert. Nur wenn wir den Ideen der Kinder folgen und ihnen Raum für ihre eigenen Denkprozesse schenken, erleben Kinder, dass ihre Ideen wertvoll und bedeutsam sind.

Fantasie ist wichtiger als Wissen,
denn Wissen ist begrenzt!
Albert Einstein

Gerade in Zeiten von Google und fortschreitender Digitalisierung relativiert sich der Wert von Wissen zunehmend. Innerhalb von Sekunden kann auf jedes Wissen dieser Welt zugegriffen werden. Wenn pädagogische Fachkräfte im Alltag entscheiden müssen, ob sie einem Kind im Freispiel die Möglichkeit geben, seine Fantasie auszuleben oder im Rahmen eines Angebotes ein Fingerspiel oder ein Bilderbuch kennenzulernen, dann ist es wichtig im Blick zu behalten, dass Menschen immer nur eine Sache gleichzeitig tun können. Und wenn ein Kind gerade begeistert Lego baut, kann es nicht an einem Angebot teilnehmen. Lassen Sie uns deshalb der kindlichen Fantasie einen neuen, höheren Stellenwert geben! Sie ist so bedeutsam – für die Kinder heute und für unsere Welt von morgen.

Kinder sind keine Fässer, die gefüllt,
sondern Feuer, die entzündet werden wollen.
François Rabelais

Kinder in ihrem Selbstbildungsprozess zu unterstützen, sie wachsen zu lassen, ist für Erwachsene oftmals ganz schön herausfordernd. Wenn wir jedoch im Blick behalten, welche Ziele wir haben und was wir mit unserer pädagogischen Arbeit erreichen wollen, kann es mit jedem Tag leichter gelingen, den Kindern Raum für ihr fantasievolles Spiel zu geben. Durch die Auseinandersetzung mit seinen Themen und durch maßvolle Unterstützung lernt jedes Kind nach seinem eigenen Schema, auf seine Weise und darf wachsen und groß werden. So können Sie sich im Alltag entspannen, weil Sie die Kinder wachsen lassen, anstatt an ihnen zu ziehen …

Wachsen lassen

Wenn Sie an Ihren Kita-Alltag denken: Wann lassen Sie die Kinder wachsen und wann ziehen Sie sie groß? Wo geben Sie Themen vor und wann folgen Sie den Kindern? Und wie wollen und können Sie den Kindern ermöglichen, noch mehr Begeisterung mit ihren eigenen Themen zu erleben?

Warum „Wachsenlassen" oft schwerfällt und wie es leichter gehen kann

Kinder, die mit Begeisterung an ihren Themen arbeiten, strahlen eine Freude aus, die sich auf alle Anwesenden überträgt. Ich erlebe allerdings immer wieder, dass es Erzieherinnen und Erziehern manchmal schwerfällt, die Kinder wachsen zu lassen. Warum ist das so?

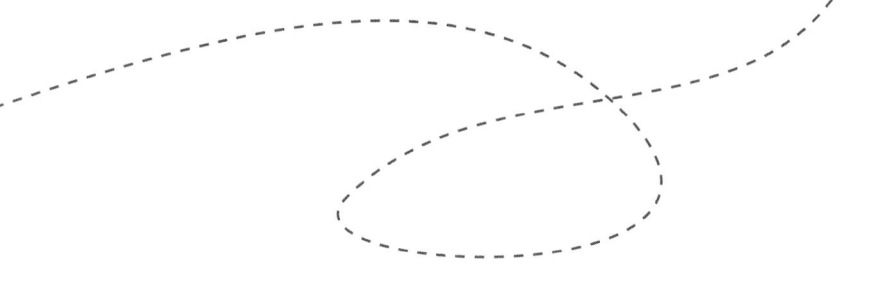

Jeder von uns bringt sich mit seiner ganzen Persönlichkeit in seinen Beruf ein. All die Erfahrungen, die wir bisher in unserem Leben gemacht haben, prägen uns und unser Handeln. Bestimmte Verhaltensweisen haben wir bereits als kleine Kinder bei unseren Eltern oder Bezugspersonen beobachtet und nachgeahmt.

Lernen am Modell hat früher funktioniert und klappt noch heute. Allerdings handelt es sich dabei in der Regel um unbewusstes Lernen. Das passiert sozusagen nebenbei – wir merken gar nicht, dass wir lernen. Deshalb sind die Überzeugungen und Ansichten, die wir als Kind übernommen haben, zu tief in uns verankerten Glaubenssätzen geworden. Diese Glaubenssätze beeinflussen unser heutiges Handeln unbewusst.

Wie beschrieben, entscheidet unser Unterbewusstsein – der Elefant – die Richtung, in die wir gehen (siehe Seite 69f.). Folglich können Erwachsene mit dem Verstand zwar verstehen, dass Kinder aus sich heraus wachsen müssen, weil sie dadurch am besten auf die Anforderungen der modernen Welt vorbereitet werden. Und dennoch gibt es immer wieder Fachkräfte, die dieses eigenständige Lernen der Kinder mitunter schwer aushalten können. Und immer wieder versucht sind oder sich dabei ertappen, an den Kindern zu „ziehen".

So entsteht ein inneres Dilemma: Der Reiter will in die eine, der Elefant in die andere Richtung – und der gemeinsame Alltag kann schwer werden. Es gibt ein hilfreiches Modell aus der Transaktionsanalyse, das Klarheit darüber schafft, warum es häufig schwerfällt, Kinder wachsen zu lassen. Dieses Modell besticht durch seine Einfachheit und hat schon vielen pädagogischen Fachkräften einen Ausweg aus diesem scheinbaren Dilemma gezeigt. Es handelt sich um das sogenannte Ich-Zustands-Modell. Dieses Modell sagt aus, dass wir nie nur eine Handlungsoption haben, sondern drei verschiedene Ich-Zustände – das Eltern-Ich, das Erwachsenen-Ich und das Kind-Ich –, die situativ passend eingesetzt werden können. Das Wissen und Bewusstsein

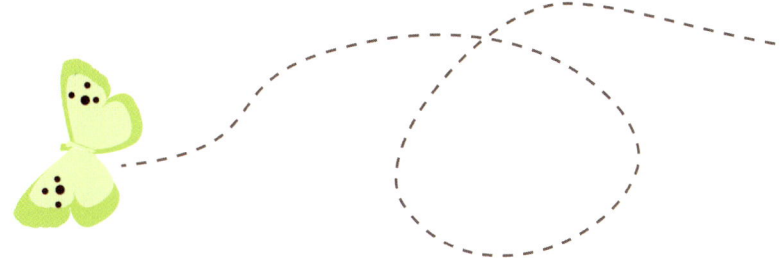

über die Ich-Zustände eröffnen uns Spielraum – wir können jederzeit neu entscheiden, aus welchem Ich-Zustand heraus wir reagieren wollen.

Das Ich-Zustands-Modell

 Eltern-Ich (EL): Hier reagiere ich so, wie ich es von meinen Eltern oder anderen Autoritätspersonen übernommen habe. Das sind meine Glaubenssätze.

 Erwachsenen-Ich (ER): Hier reagiere ich so, wie es nach allen mir zur Verfügung stehenden Informationen zur momentanen Situation passt.

 Kind-Ich (K): Hier reagiere ich so, wie ich als Kind emotional gelernt habe zu reagieren.

Im Eltern-Ich befinden wir uns immer dann, wenn wir statt Ich auch MAN sagen könnten. Zum Beispiel: Vor dem Essen wäscht MAN sich die Hände, MAN spricht nicht mit vollem Mund, MAN sagt bitte und danke, MAN schlägt sich nicht, MAN beschäftigt die Kinder …
Im Erwachsenen-Ich sind wir, wenn wir vor unserer Reaktion überlegen, was situationsangemessen ist. Zum Beispiel geht das Kind, das gerade mit Wasserfarben gemalt hat, Hände waschen; das Kind, das vorher ein Buch angeschaut hat, geht direkt zum Esstisch, weil seine Hände sauber sind.
Im Kind-Ich reagieren wir emotional. Wenn wir zum Beispiel Angst vor Spinnen haben und jemand sagt „Guck mal, die Spinne da oben", dann schreien wir sofort auf oder kriechen unter den Tisch. Im Kind-Ich lassen wir uns auch ganz auf die Emotionen anderer ein und jubeln zum Beispiel gemeinsam mit den Kindern über den ersten Schnee. Wenn wir in Emotionen eintauchen, sind wir im sogenannten freien Kind-Ich.

Bitte listen Sie zehn MAN-Beispiele auf, die Ihnen aus Ihrem Alltag wohlbekannt sind:

1. ....
2. ....
3. ....
4. ....
5. ....
6. ....
7. ....
8. ....
9. ....
10. ....

Manche von uns sind mit der Regel aufgewachsen: Am Abend gibt es nichts Süßes! Gilt dieses Verbot heute noch, handelt es sich um einen von früher übernommenen Mechanismus. Wenn aus diesem Grundsatz eine Regel wird, agiert das Eltern-Ich: „Man isst abends nichts Süßes!" – unabhängig davon, ob das Kind heute schon etwas Süßes hatte oder nicht.

Im Erwachsenen-Ich wird abgewogen: Wie viel Süßes hat das Kind heute schon verspeist? Wenn es bereits drei Eis, zwei Nutella-Brote und Bonbons hatte, wäre die situationsangemessene Reaktion: Genug Süßes heute. Gab es dagegen heute gar keine oder nur wenig süße Sachen, kann das Kind abends durchaus ein Brot mit Schokoaufstrich essen.

Im Kind-Ich erfolgt eine emotionale Reaktion auf die Bitte des Kindes. Je nachdem, was der Einzelne als Kind erlebt hat, kann die Antwort entweder motzig – Was fällt dir ein, du hattest heute schon viel Süßes! – oder freudig – Au ja, ein Nutella-Brot, wie lecker! – ausfallen. Im Vordergrund steht hier das eigene Gefühl.

Unsere Reaktion – eine eigene Entscheidung
Wir denken schnell, dass es in einer Situation nur eine mögliche Reaktion geben kann. Mithilfe des Ich-Zustands-Modells wird nun deutlich, dass jeder von uns immer mindestens drei verschiedene Optionen hat, wie er reagieren kann. Denn die drei Ich-Zustände sind jederzeit verfügbar. Allerdings hat jeder in der Regel seinen „Lieblingskanal", also den einen Ich-Zustand, aus dem heraus eine automatisierte Reaktion erfolgt. Wenn wir uns das bewusst machen, wird auch klar, dass unsere Reaktion immer unsere eigene Entscheidung ist – auch wenn dies bisher meist unbewusst abgelaufen ist. Mit dem Wissen aus dem Ich-Zustands-Modell können Sie ab sofort bewusst entscheiden, aus welchem Ich-Zustand heraus Sie reagieren wollen. Immer, wenn Sie aus dem Eltern-Ich heraus reagieren, übernehmen Ihre Glaubenssätze die Regie. Sie handeln dann aufgrund früherer Erlebnisse

und althergebrachter Überzeugungen. Dann wird es oft schwierig im Kita-Alltag – ganz einfach, weil die Kinder Ihre früheren Erlebnisse nicht kennen. Deshalb sind Ihre Handlungsweisen für sie nicht nachvollziehbar. Und je stärker die Kinder gegen Ihre Überzeugungen protestieren, desto mehr werden Sie auf Gehorsam pochen. Ganz einfach, weil das das Muster ist, mit dem Sie vermutlich aufgewachsen sind.

> Finden Sie fünf Situationen, in denen bei Ihnen das Eltern-Ich die Regie übernommen hat, und überlegen Sie bitte mögliche Erwachsenen-Ich-Reaktionen:
>
> 1. _____
> 2. _____
> 3. _____
> 4. _____
> 5. _____

Wenn wir aus dem Erwachsenen-Ich oder dem freien Kind-Ich heraus handeln, bringen wir Reiter und Elefant in Gleichklang, und unser Alltag wird entspannter. Dann fällt es Ihnen leichter, Kinder in ihrem Spiel, in ihrer Begeisterung verweilen zu lassen.

> Folgende Fragen aus den vorhergehenden Kapiteln unterstützen Sie dabei, in das Erwachsenen-Ich oder ins freie Kind-Ich zu wechseln:
> - Was wäre das Schlimmste, das passieren könnte?
> - Wie würde ich mich fühlen?
> - Was würde die Liebe tun?
> - Was kann ich dazu beitragen, um das Kind glücklicher zu machen?

Fachliche Kompetenz zeigt sich darin, dass es Ihnen zunehmend besser gelingt, Ihr Verhalten bewusst zu steuern. Wenn Sie im Team zusammen aus dem Erwachsenen-Ich heraus reagieren, wird es viel leichter, eine gemeinsame Linie zu finden. Konflikte entstehen nämlich häufig durch unterschiedliche unbewusste Glaubenssätze, also verschiedene Eltern-Ichs. Das heißt keinesfalls, das Sie immer im Erwachsenen-Ich bleiben müssen. Natürlich können Sie auch bewusst ins Kind-Ich oder ins Eltern-Ich wechseln. Das Zauberwort dabei ist „bewusst": Der Wechsel der Ich-Zustände wird als pädagogische Intervention genutzt, um ein bestimmtes vorher definiertes Ziel zu erreichen.

In der Kita wollen wir Kinder in ihrem Lernen bestmöglich unterstützen, und das tun wir – auf der Grundlage der Neurobiologie – eben dann am besten, wenn das Kind an seinen Themen mit Begeisterung und Freude arbeiten kann. Und je besser wir selbst verstehen, wie wir funktionieren, umso leichter fällt es uns auch, uns zurückzunehmen und dem Kind in einem liebevollen Rahmen das Steuer für sein Lernen zu überlassen.

*Das Kleinkind weiß, was das Beste für es ist.
Lasst uns selbstverständlich darüber wachen,
dass es keinen Schaden leidet.
Aber statt es unsere Wege zu lehren, lasst uns ihm Freiheit geben,
sein eigenes Leben nach seiner eigenen Weise zu leben.
Dann werden wir, wenn wir gut beobachten,
vielleicht etwas über die Wege der Kindheit lernen.*
Maria Montessori

2.3 Miteinander statt gegeneinander

*Du und ich: Wir sind eins.
Ich kann dir nicht wehtun,
ohne mich zu verletzen.*
Mahatma Gandhi

Menschen denken zumeist, sie wären als Individuen voneinander getrennt. Rein körperlich stimmt das auch, aber emotional sind sie immer miteinander verbunden. Wir lachen, wenn andere fröhlich sind, uns kommen die Tränen, wenn Menschen, die uns nahestehen, weinen. Wir sind empathische, mitfühlende Wesen, die gerne füreinander da sind und sich umeinander sorgen.

Anderen eine Freude machen
Die Psychologin Lara Aknin konnte in einer breit angelegten Studie zeigen, dass das individuelle Glücksempfinden viel größer ist, wenn wir anderen eine

Freude machen als uns selbst Gutes zu tun. So hatten Studienteilnehmer einen Geldbetrag geschenkt bekommen – mit dem Auftrag, diesen für sich selbst auszugeben oder jemand anderem zu schenken. Die Teilnehmer, die den Betrag gespendet hatten, berichteten über ein deutlich höheres Glücksgefühl. Zum selben Ergebnis kamen die Wissenschaftler bei zweijährigen Kindern. Die Kinder bekamen Süßigkeiten geschenkt, die sie entweder selbst essen oder an einen Stoffaffen weitergeben konnten. Die Zweijährigen, die ihre Süßigkeiten an den Affen verschenkt hatten, zeigten eine deutlich höhere Zufriedenheit (vgl. Purps-Pardigol 2015).

Für andere zu sorgen und ihnen Gutes zu tun, ist ein tief verwurzeltes menschliches Bedürfnis. Menschen sehnen sich nach dem Gefühl geliebt zu werden, so wie sie sind, und dazuzugehören. Dieses Bedürfnis lässt sich evolutionsbiologisch erklären: Die Menschheit an sich konnte nur gemeinsam die Entwicklung bis zum heutigen Tag durchlaufen, jeder alleine für sich wäre längst gescheitert. Deshalb gilt das Bedürfnis nach Zugehörigkeit als das wichtigste menschliche Bedürfnis überhaupt, sogar noch wichtiger als Liebe. Alfred Adler (2008), der Begründer der Individualpsychologie, hat schon zu Beginn des 20. Jahrhunderts betont, dass der Mangel an Zugehörigkeit Minderwertigkeitsgefühle auslöst. Diese Minderwertigkeitsgefühle waren für ihn die Ursache aller physischen und psychischen Erkrankungen. Oder anders ausgedrückt: Wer sich nicht zugehörig fühlen kann, wird über kurz oder lang krank.
Der Neurobiologe Gerald Hüther (2014) konnte zeigen, dass der Mangel an Zugehörigkeit im Gehirn dieselben biochemischen Reaktionen auslöst wie körperliche Schmerzen. Und in einer amerikanischen Studie konnte ein Zusammenhang zwischen einem intakten Gemeinschaftsgefühl und einem signifikant niedrigeren Herzinfarktrisiko nachgewiesen werden.

> Wann haben Sie sich schon einmal minderwertig oder klein gefühlt im Kontakt mit anderen? Manche Menschen beginnen dann zu essen, zu telefonieren oder Sport zu treiben. – Welche Verhaltensweisen haben Sie entwickelt, um sich wieder besser zu fühlen?

Wann und wie entsteht das Gefühl der Zugehörigkeit?

In Wirklichkeit ist der andere Mensch
dein empfindlichstes Selbst in einem anderen Körper.
Khalil Gibran

Das Gefühl der Zugehörigkeit entsteht am leichtesten, wenn wir unser Gegenüber im Herz berühren und uns emotional verbunden fühlen. Das gemeinsame Erleben eines bestimmten Gefühls verbindet Menschen miteinander. Dabei spielt es keine Rolle, ob es sich dabei um eine positive oder eine negative Emotion handelt.

Unter welchen Voraussetzungen Menschen sich zugehörig und willkommen fühlen, hängt davon ab, welche Erfahrungen sie in der frühen Kindheit gemacht haben. Es wird davon ausgegangen, dass das Zugehörigkeitskonzept in den ersten fünf Lebensjahren entsteht.

Jeder Mensch entwickelt sein ganz eigenes Zugehörigkeitskonzept, weil sich jeder Einzelne unter ganz anderen Bedingungen zugehörig und wohlfühlen kann. Vielleicht kennen Sie jemanden, der seinen Geburtstag mit 200 Leuten begeht und immer noch jammert, es wäre niemand da gewesen, während ein anderer mit zwei Freunden feiert und den schönsten Tag des Jahres erlebt. Der eine braucht viele Menschen um sich, der andere exklusive

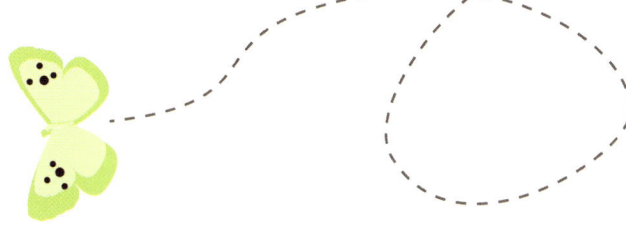

Beziehungen. Dabei gibt es kein besseres oder schlechteres Konzept – nur unterschiedliche.

Für die Arbeit in der Kita bedeutet das, dass nur das Kind selbst wissen kann, ob es sich zugehörig fühlt oder nicht. Selbst wenn die Erwachsenen denken, dass es sich unter den gegebenen Umständen unbedingt zugehörig fühlen müsste. Allerdings läuft dieser Prozess unbewusst ab. Jedes Kind wählt zur Entwicklung seines Zugehörigkeitskonzeptes unterschiedliche Strategien. Dabei gilt nach Alfred Adler, dass niemand ein Verhalten ändert, das funktioniert. Hat das Kind eine Strategie gefunden, die ihm ermöglicht, sich zugehörig zu fühlen, wird es diese beibehalten und immer wieder anwenden; selbst wenn diese Strategie negative Reaktionen hervorruft. Denn negative Aufmerksamkeit ist besser als gar keine. Der Grad der Zugehörigkeit lässt sich an der Intensität der gemeinsam erlebten Gefühle messen. Je intensiver die Emotion, desto stärker die Zugehörigkeit. Jetzt kommt das Spannende: In der Regel erleben wir negative Emotionen intensiver als positive Gefühle. Kinder, die sich im Alltag nicht ausreichend verbunden fühlen, wählen deshalb auch häufig Verhaltensweisen, die beim anderen negative Emotionen auslösen. Auch durch den Austausch negativer Gefühle entsteht ein inniges Zusammengehörigkeitsgefühl, und die Beziehung wird – obwohl es zum Konflikt kommt – repariert.

> Überlegen Sie bitte, welche Kinder in Ihrer Kita/Gruppe sich durch positive Verhaltensweisen zugehörig zu fühlen scheinen und welche Kinder Verhaltensweisen wählen, die bei Ihnen negative Gefühle auslösen. Anschließend können Sie reflektieren, über welche Kinder Sie mehr sprechen und sich öfter austauschen …

Ein Beispiel
Stellen Sie sich vor, Sie sind die Mutter eines vierjährigen Kindes. Für heute Abend haben Sie Ihre Schwiegereltern zum Essen eingeladen. Und es ist Ihnen wirklich wichtig, einen guten Eindruck zu machen. Sie haben ein dreigängiges Menü vorbereitet. Der Tisch im Wohnzimmer ist hübsch dekoriert und gedeckt.
Nun ist es 18.45 Uhr, und Ihr Partner holt gerade seine Eltern ab. Die Ankunft ist für 19 Uhr geplant. Sie haben alles im Griff und rühren gerade eine Schaumcreme für die Vorspeise. Wenn Sie nun noch die vorgesehenen 15 Minuten Zeit haben, ist alles perfekt.
Jetzt kommt Ihr Kind in die Küche und sagt: „Mama, Mama, schau mal was ich gemalt habe!" Wie reagieren Sie? Hören Sie auf zu rühren oder versuchen Sie dem Kind kurz Aufmerksamkeit zu schenken und arbeiten währenddessen weiter? Vermutlich rühren Sie weiter und vertrösten Ihr Kind auf später. Denken Sie daran: Diese Vorspeise ist Ihnen wirklich wichtig!
Fünf Minuten später ruft Ihr Kind aus dem Esszimmer: „Mama, ich zerschneide gerade die Tischdecke!" – und da zerschellt auch schon das erste Glas ... Was machen Sie jetzt? Rühren Sie immer noch die Creme weiter? Wahrscheinlich nicht.

Die Moral von der Geschicht: Das Verhalten, das in uns negative Gefühle auslöst, ist für das Kind im Sinne der Zugehörigkeit wesentlich effektiver als ein angepasstes Verhalten. Kinder zeigen folglich kein „schwieriges" Verhalten – sie sorgen nur für die Erfüllung ihrer Bedürfnisse. Und wenn Kinder herausfordernde Verhaltensweisen nutzen, geben sie uns damit das Feedback, dass wir als Bezugsperson nicht in einer Weise für sie da waren, wie sie es gebraucht hätten, um sich mit uns verbunden fühlen zu können. Die Kinder sind nicht schuld an schwierigen Situationen – und die Erwachsenen auch nicht. Wir sind nur gemeinsam in einen Strudel geraten, aus dem wir jetzt wieder herauskommen dürfen. Denken Sie immer daran: Niemand macht absichtlich Fehler, und es war immer die beste Option, die wir oder die Kinder im Augenblick gewählt haben.

Aufgrund dieser Erkenntnis können Sie gemeinsam mit den Kindern neue Wege gehen. Wenn Sie erkennen, dass die Verhaltensweisen des Kindes lediglich Ausdruck seines Bedürfnisses sind, können Sie ruhig werden und sich entspannen. Mit Blick auf die Beziehungen zwischen den Kindern und Ihnen können Sie das Bedürfnis der Kinder nach Verbundenheit in den Mittelpunkt Ihrer Arbeit stellen und so nach und nach einen immer entspannteren Alltag erleben. Erprobte Hilfsmittel sind folgende Strategien:

- Die Kinder so oft wie möglich an der Gestaltung des Alltags beteiligen und ihnen so die Möglichkeit geben, sich als Teil der Gemeinschaft wahrzunehmen.
- Wahlmöglichkeiten helfen den Kindern, sich kompetent und selbstständig zu fühlen.
- Indem Sie sich und Ihre Handlungsweisen erklären und so oft wie möglich aus dem Erwachsenen-Ich heraus reagieren, lernen die Kinder, Ihnen zu vertrauen.
- Durch Ermutigung können Sie die Kinder stärken und ihnen den Glauben an sich selbst (zurück-)geben.

Versuchen wir, das Beste eines jeden Menschen zu erkennen,
den anderen im bestmöglichen Licht zu sehen.
Diese Einstellung erzeugt sofort ein Gefühl der Nähe,
eine Art Geneigtheit, eine Verbindung.
Dalai Lama

Mit Kindern gute Beziehungen gestalten

Die Qualität der Beziehung entscheidet über unser Wohlbefinden und unsere Entwicklung als Mensch!
Jesper Juul

Jede Kita-Fachkraft hat das Ziel, eine stabile Beziehung zu jedem einzelnen Kind aufzubauen. Mit dem einen Kind gelingt das besser, mit dem anderen ist es schwieriger. Die gute Nachricht: Beziehungskompetenz kann erworben werden. Wir gehen ganz selbstverständlich davon aus, dass Menschen beziehungsfähig sind. Wahrscheinlich, weil wir tief in uns spüren, dass wir Menschen soziale Wesen und gerne in Gemeinschaft sind. Allerdings machen wir alle in unserer Kindheit und im späteren Leben ganz unterschiedliche Erfahrungen, wie wir mit Menschen in Beziehung treten können. Daher entwickelt jeder ganz unterschiedliche Kompetenzen in der Beziehungsgestaltung.
Glücklicherweise wissen wir heute, welche Aspekte gute Beziehungsfähigkeit ausmachen. Manchmal fehlt uns nur eine Kompetenz, ein Zahnrädchen im Getriebe oder ein Entwicklungsschritt, wodurch die Beziehungsgestaltung schwieriger wird. Wenn Sie erkennen, welcher Aspekt bisher gefehlt hat, können Sie das Kind dabei unterstützen, diese Fähigkeit zu erwerben. Auf der Grundlage der Kommunikationselemente von Marte Meo wird der Prozess des Beziehungsaufbaus in kleinere Einheiten unterteilt. Dadurch kann ganz differenziert an der Beziehung zu jedem einzelnen Kind gearbeitet werden.

Marte Meo heißt „aus eigener Kraft" und ist eine videogestützte Interaktionsmethode, die von der Niederländerin Maria Aarts entwickelt wurde. Sie konnte zeigen, dass Menschen in der Lage sind, gute Beziehungen aufzubauen – vorausgesetzt, sie erwerben die notwendigen Kompetenzen. Dabei können Erwachsene die Kinder unterstützen.

Gute Beziehungen aufzubauen basiert auf der Kommunikationsfähigkeit des Einzelnen. Wer gut und zielführend kommunizieren kann, hat die folgenden fünf Zwischenschritte des Kommunikationsprozesses erlernt:

1. Wahrnehmen
2. Bestätigen
3. Benennen
4. Sich abwechseln
5. Lenken und Leiten

Die fünf Aspekte der Kommunikation bauen aufeinander auf und müssen entsprechend gelernt und durchlaufen werden, um im Miteinander sicher und kompetent zu werden. Normalerweise läuft dieser Lernprozess unbewusst ab. Durch die bewusste Auseinandersetzung mit diesen Einzelschritten gelingt es jedoch, besser zu erkennen, weshalb das eine oder andere Kind sich im Zusammensein mit anderen schwertut und wie eine Entwicklungsunterstützung aussehen kann.

Erster Aspekt: Wahrnehmen

*Wenn die Achtsamkeit etwas Schönes berührt,
offenbart sie dessen Schönheit.
Wenn sie etwas Schmerzvolles berührt,
wandelt sie es um und heilt es.*
Thich Nhat Hanh

Um miteinander in Austausch treten zu können, müssen wir uns zunächst gegenseitig wahrnehmen – einander in die Augen schauen und so eine Verbindung zwischen uns entstehen lassen. Die Augen sind das Tor zur Seele. Im Miteinander ist der Blickkontakt wichtiger als die Worte, die wir sprechen. Denn die Augen lügen nie und sind so für unser Gegenüber viel verlässlicher als Worte.

Durch den Blickkontakt lassen wir uns auf das jeweilige Kind ein und nehmen seine Signale, Initiativen und Aktionen wahr. Wir folgen dem Kind und signalisieren durch aktives Beobachten, mit unserer Mimik, Gestik und der ganzen Körperhaltung: „Ich bin bei dir! Ich nehme dich wahr!" Anstatt zu bewerten, begleiten wir das Kind achtsam und lassen den Raum zwischen Reiz und Reaktion (siehe Seite 71ff.) entstehen.

> **Blickkontakt**
>
> Welche Rolle spielt der Blickkontakt derzeit in Ihrem Alltag? Notieren Sie Ihre Einschätzung bitte auf einer Skala von 0 bis 10:
>
> 0 = keine Rolle   sehr wichtige Rolle = 10
>
> 0 — 1 — 2 — 3 — 4 — 5 — 6 — 7 — 8 — 9 — 10
>
> Vermitteln Sie jedem Kind allein durch Ihre Augen die Botschaft: „Schön, dass du da bist und dass es dich gibt!" Notieren Sie bitte Ihre Erfolge:
>
> --
>
> --
>
> --

Wenn Sie Ihren eigenen Raum zurückerobern (siehe Seite 71f.), werden Sie aufgrund Ihrer gesteigerten Achtsamkeit immer besser darin, die Stärken jedes einzelnen Kindes zu bemerken. So kann ein „Zirkel der Liebe" (Maria Aarts) um das Kind entstehen, und Sie schaffen die Grundlage für einen positiven Beziehungsaufbau.

Nicht jedes Kind kann Sie anschauen. Es gibt immer wieder Kinder, die von sich aus keinen Blickkontakt aufbauen können oder bisher aufgrund kultureller Bedingungen keine Möglichkeit hatten, diese Kompetenz im Zusammensein mit Erwachsenen zu erwerben. All diesen Kindern ist gemeinsam, dass sie diesen Entwicklungsschritt noch nachholen müssen.

Ein Kind, das keinen Blickkontakt aufnehmen kann, nimmt sein Gegenüber eingeschränkt wahr. In der Folge kann es sich auch schwer lenken oder leiten lassen. Es versteht nicht so gut, was von ihm verlangt wird und kann Anweisungen nicht verarbeiten. Außerdem fällt es dem Kind schwerer, sich zu zeigen. Sich zeigen zu können ist ein wichtiger Aspekt für die Entwicklung von Selbstbewusstsein.

Wenn Sie dem Kind wohlwollend mit den Augen folgen, schaffen Sie eine bedeutsame Grundlage für ein liebevolles Miteinander und erfolgreiches Lernen. Durch ermutigende Blicke, mit einem offenen Herzen, unterstützen Sie das Kind in diesem Entwicklungsschritt.

Falls Sie jetzt feststellen, dass Sie dem Blickkontakt in Ihrer Kita einen höheren Stellenwert einräumen möchten und sich fragen, wie das im Alltag umsetzbar ist, dann vertrauen Sie darauf, dass die Kinder Sie nach kürzester Zeit dabei unterstützen werden. Die Kinder ahmen Sie nach und übernehmen Ihr Verhalten. Dadurch entsteht eine schöne, entspannte Atmosphäre, und die Kinder lernen, ihr Bedürfnis nach Verbundenheit auf positive und beglückende Art auszuleben.

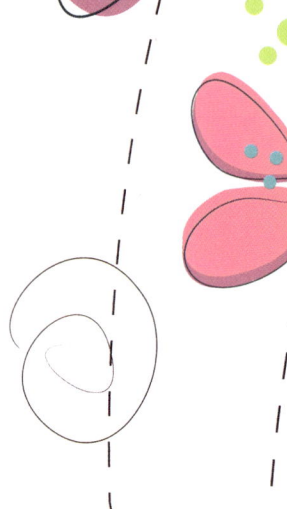

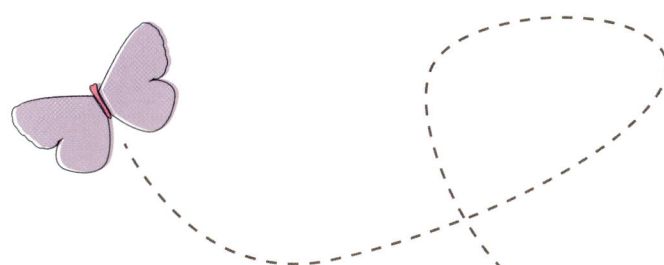

Wahrnehmen

Bitte widmen Sie sich nun folgender Frage: Habe ich im Kita-Alltag genug Raum und Zeit, um mich auf die Kinder und den Blickkontakt zu ihnen zu konzentrieren?

Falls ja:

Welches nächste Ziel möchte ich mir im Zusammenhang mit dem „Wahrnehmen" setzen? Bitte notieren:

Falls nein:

Was sind die „Zeiträuber" in meinem Alltag?
Wie könnte ich ohne große Anstrengung Zeitfenster schaffen?
Auf was in meinem Tagesablauf könnte ich dafür gut verzichten – zumindest für einen gewissen Zeitraum?
Bitte notieren:

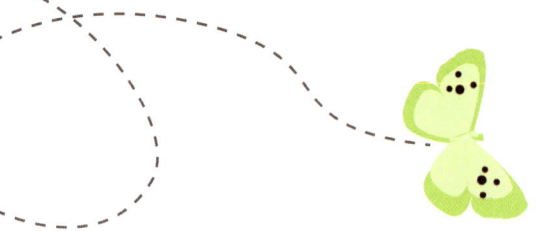

Zweiter Aspekt: Bestätigen

*Ein Lächeln ist die kürzeste Entfernung
zwischen zwei Menschen.*
Victor Borge

Allein durch ein liebevolles Lächeln können Kinder Halt und Orientierung bekommen und in ihrem Tun bestätigt und bestärkt werden. Kinder sind auf unsere Rückmeldungen angewiesen. Dadurch lernen sie, sich in dieser Welt zurechtzufinden. Durch Blickkontakt, ein Nicken oder eben ein Lächeln legen wir den Grundstein für eine tragfähige Beziehung.

Kinder orientieren sich an den Erwachsenen und erbitten häufig nonverbal, durch einen kurzen Blick, eine Rückmeldung. Achten Sie im Alltag ganz gezielt darauf! Allerdings fordern Kinder die Bestätigung in aller Regel nicht weiter ein. Wenn Sie unaufmerksam sind und das Bemühen nicht wahrnehmen, wenden sich die Kinder ab, und der Kommunikationsprozess gerät unbemerkt ins Stocken.

Je weniger Selbstvertrauen ein Kind entwickelt hat, desto stärker ist es auf Ihr Feedback angewiesen. Jede von Ihnen wahrgenommene Initiative des Kindes lässt es wachsen. Wenn Sie genau hinhören, dann können Sie die Melodie, die in diesen kleinen Menschen klingt, wahrnehmen. Erst leise und dann immer lauter. Und schließlich empfinden auch Sie dieses Glücksgefühl, das wir alle erleben, wenn wir uns erlauben, liebevoll mit anderen Menschen zu sein.

Der Kommunikationspsychologe Friedemann Schulz von Thun konnte zeigen, dass Kommunikation immer Interaktion ist. Menschen geben alles dafür, wahrgenommen und verstanden zu werden. Deshalb sind diese ersten beiden Aspekte für das Gelingen eines Kommunikationsprozesses auch so wichtig und wertvoll. Durch den Austausch eines Blicks oder eines Lächelns vermitteln wir nonverbal: „Du bist okay – es ist schön, dass du da bist!"

> Erinnern Sie bitte fünf Situationen, in denen Sie Kinder bestätigt haben. Was haben Sie konkret getan? Wie hat sich die Beziehung daraufhin entwickelt?
>
> 1. _____
> 2. _____
> 3. _____
> 4. _____
> 5. _____

Dritter Aspekt: Benennen

Auf der Grundlage dieser emotionalen Verbundenheit kann der nächste Schritt folgen – das Benennen. Dabei geht es darum, dem Kind Worte zu geben. Indem Sie beobachten, was die Kinder tun, und dieses Tun verbal begleiten, fühlen sie sich wahrgenommen. Sie vermitteln dem Kind: „Ich bin bei dir!" – und stärken so das Zusammengehörigkeitsgefühl. Außerdem heben Sie so jedes Kind hoch und machen es auf diese Weise für es selbst, aber auch für andere sichtbar. Indem Sie zusätzlich die Gefühle benennen, die Sie bei ihm beobachten können, geben Sie dem Kind Worte und unterstützen es beim Erlernen einer authentischen Kommunikation. Wie kann das konkret aussehen?

Emma hat eine neue Lieblingsfarbe
Stellen Sie sich vor, die vierjährige Emma klebt gerade ein Bild aus Papierschnipseln. Dabei sucht sie immer wieder den Blickkontakt zu Ihnen. Sie lächeln ihr zu, schauen sie an und nicken. Emma sieht fröhlich aus. Sie sagen: „Emma, du scheinst Spaß zu haben beim Basteln. Kann das sein?" Emma nickt und klebt weiter grüne Schnipsel auf das Papier. „Ich glaube, du magst das grüne Papier", vermuten Sie. Emma nickt. Nun kommt Tom an den Tisch und schaut zu. Sie sagen zu Tom: „Schau mal Tom, Emma hat eine neue Lieblingsfarbe. Kannst du erkennen, welche das ist?"

In unserem Beispiel nehmen Sie zunächst Emma wahr. Sie bauen Blickkontakt auf und bestätigen das Kind. Dann unterstützen Sie Emma dabei zu verstehen, was in ihr selbst vorgeht, und zeigen ihr durch das Benennen, dass Sie sie wahrnehmen. Das stärkt die Beziehung zwischen Ihnen und dem Mädchen. Anschließend heben Sie Emma für Tom hoch. So kann er Emma wahrnehmen, und die beiden Kinder können ins Gespräch oder in eine gemeinsame Aktivität kommen. Tom wird somit in das Geschehen einbezogen und kann sich auch zugehörig fühlen. Und Emma braucht keine Sorge zu haben, dass Sie Ihren Fokus von ihr weg auf Tom lenken, weil Sie durch die Dreieckskommunikation beide Kinder einbeziehen.
Wenn Sie Kommunikation bewusst auf diese Art in Ihrem Alltag einsetzen, entsteht ein wertschätzendes und liebevolles Miteinander. Die Kinder lernen, achtsam miteinander umzugehen und die positive Absicht im Verhalten der anderen zu erkennen. Dadurch wird das Kita-Leben um ein Vielfaches entspannter und fröhlicher.

> *Es ist wichtig, dass wir uns bewusst werden,*
> *wie viel von unserem eigenen Glück*
> *mit dem Glück anderer zu tun hat.*
> *Es gibt kein individuelles Glück,*
> *das von dem anderer ganz unabhängig wäre.*
> Dalai Lama

Aktives Zuhören ist die Königsdisziplin beim Benennen. Dadurch vermitteln Sie dem Kind: Ich nehme dich wahr. Und Sie geben ihm Worte, sich selbst zu erklären. Jede Situation, die wir erleben, löst Gefühle – positive oder negative – in uns aus. Beim Aktiven Zuhören geht es darum, das Kind dabei zu unterstützen, seine Gefühle wahrzunehmen und zu artikulieren. Dadurch lernt ein Kind unterschiedliche Gefühlskategorien kennen und kann zunehmend besser benennen, was es gerade braucht.

Dazu begeben Sie sich zunächst auf Augenhöhe des Kindes und schweigen. Dann nehmen Sie das Gefühl, das in diesem Kind gerade lebendig zu sein scheint, wahr und benennen es in Frageform: „Kann es sein, dass du gerade ärgerlich/fröhlich bist?" Durch diese Formulierung vermeiden Sie, dass Ihre Aussage eine Zuschreibung wird, und ermöglichen dem Kind, selbst zu entscheiden, ob Ihre Vermutung stimmt oder ob es gerade ein anderes Gefühl empfindet. Aktives Zuhören dient so bei negativen Gefühlen dazu, die „Frustsäule" des Kindes gar nicht erst ansteigen zu lassen.

Aktives Zuhören

Lassen Sie sich auf ein Kind ein und erspüren Sie, welches Gefühl gerade in ihm lebendig ist. Benennen Sie dann dieses Gefühl in Frageform für das Kind: Kann es sein, dass du ärgerlich/fröhlich … bist?

Vierter Aspekt: Sich abwechseln

Durch das „Benennen" (siehe 3. Aspekt) wird der Grundstein für das Abwechseln gelegt. Die Kinder lernen, sich aktiv an der Gestaltung des Miteinanders zu beteiligen, sich selbst zu zeigen und auch die anderen mit ihren jeweiligen Bedürfnissen wahrzunehmen. Auf sich selbst und aufeinander zu achten führt zu echter Gemeinschaft, in der Menschen sich voller Würde und Achtsamkeit begegnen können.

Echter Frieden zwischen Menschen kann nur entstehen, wenn alle gleichermaßen daran interessiert sind, die eigenen Bedürfnisse wie die des anderen zu erfüllen. Menschen können sich nur dann liebevoll für andere einsetzen, wenn die eigenen Bedürfnisse ausreichend erfüllt sind. Das kennen wir alle: Wer ausgebrannt und erschöpft ist, dem fällt es viel schwerer, den Dienst der Kollegin noch zu übernehmen, als wenn er sich entspannt und ausgeruht fühlt. Sollten Kinder im Alltag Schwierigkeiten damit haben, die Bedürfnisse der anderen wahrzunehmen, müssen wir also zunächst darauf achten, ob diese Kinder auch emotional gut genährt sind.

Fünfter Aspekt: Lenken und Leiten

Viele Erwachsene erwarten bereits von kleinen Kindern, dass sie bereit sind, sich von ihnen leiten zu lassen, oder stellen gar nicht infrage, dass Lenken und Leiten eine Kompetenz ist, die erlernt werden muss.

Von wem lassen wir Erwachsenen uns eigentlich etwas sagen? Von wem lassen wir uns leiten und lenken? Zunächst muss das jemand sein, dem wir eine gewisse Kompetenz zusprechen. Wir müssen glauben, dass der andere etwas weiß oder kann, das über unser Wissen und Können hinausgeht. Außerdem ist eine gute Beziehungsebene unerlässlich. Finden wir zum Beispiel einen Arzt unsympathisch, werden wir uns nichts von ihm sagen lassen, selbst wenn er offensichtlich über die nötige Kompetenz verfügt. Die Leitung und der Träger der Kita sind Autoritätspersonen – aufgrund der Rollen, die sie einnehmen. Mit dem Unterzeichnen des Arbeitsvertrages stimmen die Mitarbeiterinnen und Mitarbeiter zu, diese Autoritäten anzuerkennen und sich entsprechend führen zu lassen. Ist allerdings die Beziehung instabil oder fehlt es nach Meinung der Beschäftigten an Kompetenz, fällt es ihnen jedoch häufig schwer, die rollenbedingte Autorität im Alltag anzuerkennen.

Daraus lässt sich ableiten: Menschen wählen sehr genau aus, von wem sie sich leiten lassen. Sich leiten zu lassen ist immer ein Vertrauensbeweis. Und wenn wir uns wünschen, dass die Kinder sich von uns leiten lassen, ist die Basis der Aufbau einer vertrauensvollen Beziehung.

Kinder, die sich nicht leiten lassen, zeigen uns sehr genau, wo wir ansetzen müssen. Leiten und lenken ist zunächst eine Kompetenz, die die Erwachsenen erwerben dürfen. Denn die Kooperation des Kindes ist sein Geschenk an uns – als Dank für die von uns zuvor erbrachte Beziehungsarbeit.

Wenn wir Kinder leiten wollen, achten wir darauf, dass wir so konkret wie möglich benennen, wozu wir das jeweilige Kind veranlassen möchten. Was erwarten Sie, dass es tut? Wann hat es seine Aufgabe erfüllt? Welche Zwischenschritte gehören dazu? All diese Details müssen Sie selbst kennen und erklären, denn nur dann kann das Kind auch Ihren Anforderungen und Erwartungen entsprechen.

Und anschließend sind wir gefordert, zu überprüfen, ob das Kind unseren Anweisungen Folge geleistet hat und gegebenenfalls entsprechend nachjustieren. Dabei gilt es, weder genervt noch verärgert zu sein, sondern zu erkennen, dass auch „Sich-leiten-zu-lassen" gelernt werden muss.

Hier spielt gerade die Ausgangssituation eine große Rolle: Ist das Kind überhaupt aufnahmebereit, wenn Sie zu sprechen beginnen? Oder ist es noch mit etwas anderem beschäftigt? Erst wenn das Kind seinen Blick auf Sie richtet und Ihren Blickkontakt oder Ihr Lächeln aktiv erwidert, können Sie sicher sein, dass es Sie überhaupt wahrnehmen kann. Erst jetzt kann Ihre Aufforderung auf fruchtbaren Boden fallen.

> Beobachten Sie sich selbst: Wo müssten Sie ansetzen, damit die Kinder sich besser leiten lassen können?
> - Fühlen sich die Kinder von Ihnen wahrgenommen?
> - Bestätigen Sie die Initiativen der Kinder?
> - Benennen Sie, was die Kinder tun?
> - Achten Sie darauf, dass Sie zunächst den Kindern folgen und erst im Anschluss „Folgsamkeit" der Kinder erwarten?

Wenn Sie voller Achtsamkeit Ihr Wissen, wie Sie gute Beziehungen zu den Kindern gestalten können, in Ihren Alltag integrieren und im Zusammensein mit den Kindern die Qualität der Beziehung an die erste Stelle setzen, kann eine zarte Blume der Hoffnung wachsen. Die Hoffnung, dass die Arbeit in der Kita die Herzen nährt. Dass es um Wohlfühlen, um Spaßhaben und fröhliches Miteinander gehen darf – dann kann jedes Kind und jeder Erwachsene in der Kita ein Zuhause finden. Weil jeder Einzelne spürt, dass er hier willkommen ist.

2.4 Das einzigartige Potenzial in jedem Kind entdecken

Babys versetzen uns immer wieder in Erstaunen und lassen uns das Wunder des Lebens spüren. Niemand käme auf die Idee, einem Säugling unfreundliche Absicht oder gar Hinterlist zu unterstellen. Wir alle wissen, dass das Schreien und Weinen eines Säuglings ein Ausdruck seiner unerfüllten Bedürfnisse ist. Wird das Kind älter, verändert sich diese Haltung jedoch bei vielen Erwachsenen. Das Kind begeistert noch immer, jedoch zunehmend dann, wenn es Verhaltensweisen zeigt, die gefallen. Handelt es entgegen unserer Erwartungen – wissentlich oder unwissentlich –, wird ihm schnell Absicht unterstellt. So verliert sich nach und nach der frische und positive Blick aufs Kind, und mitunter beginnen die Erwachsenen dann an ihm zu zweifeln, und das Vertrauen zum Kind schwindet. Allerdings wissen wir heute, dass Kinder, denen zu wenig Vertrauen entgegengebracht wird, in der Folge auch den Glauben an sich selbst verlieren können.

In jedem Kind steckt ein einzigartiges Potenzial, das darauf wartet, entdeckt zu werden. Wie können wir dazu beitragen, dass die Kinder voller Selbstvertrauen aufwachsen können? Was lässt Menschen wachsen? Was macht sie groß und stark? Ich bin überzeugt, dass für Kinder und Erwachsene das Gleiche gilt: Wenn wir von Menschen umgeben sind, die an uns glauben, uns bestärken und unterstützen, dann wachsen uns Flügel.

Wer Bestätigung erfährt und das Gefühl hat, dass er einzigartig, besonders und gut ist, so wie er ist, erlebt Glück. Deshalb ist auch „verliebt sein" ein so schönes Gefühl. Wir fühlen uns von einem Menschen vollkommen angenommen und könnten die ganze Welt umarmen. Zumindest für einen gewissen Zeitraum sind wir davon überzeugt, dass wir liebenswert sind, ohne etwas dafür tun zu müssen. Jeder Mensch ist von Beginn seines Lebens an auf der Suche nach diesem Gefühl.

In unserer Leistungsgesellschaft erleben Kinder jedoch oft, dass sie besonders liebenswert sind, wenn sie bestimmte Verhaltensweisen zeigen. Wir verschenken unsere Liebe nicht freigiebig, sondern knüpfen sie an Bedingungen. Positives Feedback gibt es in aller Regel nur bei entsprechendem Verhalten. Doch kann es leicht geschehen, dass wir Kinder schnell mit unseren Erwartungen konfrontieren: „Mach schneller", „Wie oft muss ich dir noch sagen…", „Hampel nicht so herum". Und dann fühlt sich der Kontakt für alle Beteiligten nicht mehr gut an, weil er nur noch aus solchen Aufforderungen besteht.

> *Wenn ihr geliebt werden wollt, so beginnt damit, andere zu lieben,*
> *die eure Liebe brauchen. Wenn ihr Mitgefühl von anderen erwartet,*
> *so beginnt damit, auch anderen gegenüber Mitgefühl zu zeigen.*
> *Wenn ihr geachtet werden wollt, so lernt zunächst,*
> *alle anderen Menschen, ob jung oder alt, zu achten.*
> Yogananda

Durch Kritik wird niemand besser

Andere Menschen zu kritisieren bedeutet, einen abweichenden Standpunkt zu einem Thema einzunehmen und dem Gegenüber zu vermitteln, dass dessen Sichtweise im Vergleich zur eigenen Überzeugung nicht ganz korrekt ist. Nur woher nehmen wir die Überzeugung, besser zu wissen, was richtig oder falsch ist? Haben Erwachsene automatisch recht? Oder liegt hier womöglich ein großes Missverständnis vor?

Natürlich ist es nachvollziehbar, wenn einmal der eine oder andere bevormundende Satz fällt. Gerade wenn der Stress zunimmt, kennen das alle, die mit Kindern arbeiten. Im Anschluss entsteht schnell Bedauern, und jeder

tut alles dafür, die Situation zu klären. Deshalb geht es hier auch nicht um diese „Ausrutscher". Doch ist es zu empfehlen, den Arbeitsalltag unter die Lupe zu nehmen, um herauszufinden, ob und in welchen Situationen Kritik dagegen als pädagogische Intervention genutzt wird.

> Bitte beantworten Sie für sich folgende Fragen:
> - (Wann) müssen wir Kinder kritisieren, damit sie „besser" werden?
> - Kann Kritik wirklich hilfreich sein?
> - Wer profitiert von der Kritik?

Ich bin davon überzeugt, dass Kritik niemanden, wirklich niemanden besser macht. Denn Kritik ist für mich immer eine Kränkung, die verunsichert und das Selbstvertrauen beschädigt. Kritik ist für mich immer auch anmaßend, denn zu kritisieren bedeutet, besser zu wissen, was richtig oder falsch ist. Kritik zerstört die Verbundenheit und führt meiner Meinung nach dazu, das Machtverhältnis zuungunsten der Kinder zu verschieben. Unsere Kritik basiert auf der rollenbedingten Autorität: Wir fordern für uns ein, recht zu haben mit unserer Meinung, weil wir die Fachkräfte oder die Erwachsenen sind. Kritik trennt die Menschen voneinander und fördert das Gegeneinander. Vielleicht erinnern Sie sich an die eine oder andere Situation, in der Sie kritisiert wurden:
Welche Gefühle verbinden Sie damit? Sind Sie dadurch besser oder fröhlicher geworden?

Wenn wir Kinder stark machen und sie liebevoll auf ihrem Weg begleiten wollen, dann dürfen wir wieder lernen, auf unser Herz zu hören. Unser Gefühl ist ein guter Wegweiser. Ich mag den Gedanken, dass unser Herz uns dient – jeden Tag, jede Stunde, jede Minute schlägt es unaufhörlich für uns. Nur, wie dienen wir unserem Herzen? Was tun wir, damit unser Herz sich entspannen kann? Wenn wir in uns gehen, wissen wir alle, was unser Herz braucht, um aufzublühen. Indem wir unserer Intuition und uns selbst vertrauen, sind wir auf einem guten Weg. In jedem von uns wartet ein Diamant darauf, zum Funkeln gebracht zu werden.

Je gelassener wir mit uns selbst umgehen, umso sanfter können wir mit anderen Menschen sein. Was wir im Außen – bei anderen Menschen – erleben, ist nur ein Spiegelbild dessen, was in uns ist. Wenn wir einen anderen Menschen abwerten, werten wir im Endeffekt uns selbst ab. Wenn wir ein Kind kritisieren, sind wir mit uns selbst nicht zufrieden. Wenn wir glücklich sind und uns selbst vertrauen, bringen wir auch den Kindern Vertrauen entgegen.

Um die Goldmine in jedem Kind zu entdecken, dürfen wir aus dem scheinbar endlosen Bewertungskreislauf aussteigen und den Gedanken zulassen, dass Menschsein bedeutet, Erfahrungen zu machen. Wenn es kein richtig oder falsch gibt, sondern nur verschiedene Wege, sein Leben auf seine eigene Art zu leben, kann echtes Miteinander entstehen. Denn dann begegnen wir uns von Herz zu Herz.

Die höchste Form menschlicher Intelligenz besteht darin,
zu beobachten ohne zu bewerten.
Jiddu Krishnamurti

Wenn wir aufhören, die Kinder zu bewerten, und anfangen, in all ihrem Verhalten den Wunsch nach Kontakt und Erfüllung ihrer Bedürfnisse zu sehen, dann können wir ruhig werden und entspannen. Wie wohltuend ist es allein, uns daran zu erinnern, dass ein Kind niemals ein Verhalten zeigt, um uns zu ärgern. Kinder wählen ihre Verhaltensweisen, weil diese im Moment ihre beste Option sind. Die meisten Kinder sind sehr kompetent darin, gut für sich zu sorgen – einfach, weil sie noch stärker mit ihrer Intuition verbunden sind. Lassen Sie uns dafür sorgen, dass das so bleibt.

> *Du hast das Recht genauso geachtet zu werden,*
> *wie ein Erwachsener,*
> *Du hast das Recht, so zu sein wie du bist.*
> *Du musst dich nicht verstellen und so sein,*
> *wie die Erwachsenen es wollen.*
> *Du hast ein Recht auf den heutigen Tag,*
> *jeder Tag deines Lebens gehört dir, keinem sonst.*
> *Du, Kind, wirst nicht erst Mensch, du bist ein Mensch.*
> Janusz Korczak

Trennung von Tat und Täter

Unter der Trennung von Tat und Täter wird verstanden, dass aus dem Verhalten, das jemand zeigt, keine Rückschlüsse auf seine Person gezogen werden: Wir Menschen sind nicht unser Verhalten. Wir verhalten uns, wir legen ein Verhalten an den Tag. Diese Unterscheidung ist wichtig. So hat die Tatsache, dass ich mir von einem Kind ein anderes Verhalten wünsche, nichts mit meiner generellen Wertschätzung des Kindes zu tun. Im Alltag verwechseln wir das oft.

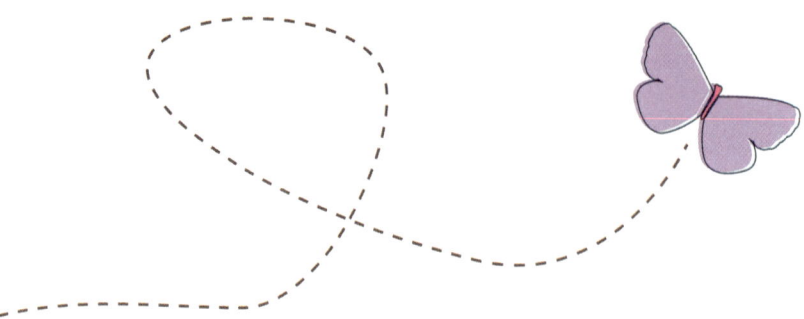

Matschspuren

Peter ist fünf Jahre alt und hinterlässt gerade eine dicke Matschspur im Kita-Flur, weil er seine Gummistiefel nicht in der Schleuse ausgezogen hat. Eine Erzieherin ruft laut: „Mann, Peter, was machst du denn hier für einen Dreck? Kannst du nicht aufpassen?"

Eine Kollegin würde stattdessen sagen: „Peter, stopp, warte mal kurz, du hast die Gummistiefel noch an. Schau mal, du hinterlässt eine große Schmutzspur, das macht viel Arbeit. Ich wünsche mir von dir, dass du jetzt kehren hilfst und beim nächsten Mal deine Schuhe in der Schleuse wechselst."

Im ersten Fall wird Peter kritisiert (Tat = Täter). Im zweiten Fall wird Peter freundlich darauf hingewiesen, dass sein Verhalten viel Arbeit macht. Hier wird die Tat von der Person getrennt.

Niemand macht absichtlich Fehler, und wie häufig passieren uns Erwachsenen selbst Missgeschicke. Wenn wir diese Ereignisse im Alltag als das betrachten, was sie sind – als Missgeschick und/oder die beste Handlungsoption, die in dem Moment zur Verfügung stand –, können wir viel ruhiger bleiben. Sicher, manches macht zusätzliche Arbeit, und manche Verhaltensweisen der Kinder kosten Zeit. Doch sind Sie nicht genau deshalb in der Kita – um mit Kindern Zeit zu verbringen? Wenn Sie Ihre Zeit dazu nutzen, die Beziehung zu jedem Kind zu pflegen und es liebevoll in ein neues Verhalten zu leiten, dann tun Sie Ihre Arbeit doch auf eine hervorragende Art. Dann ist Ihre Arbeit ein Dienst am Kind.

Trennung von Tat und Täter

Reflektieren Sie Ihren Kita-Alltag: Wann gelingt Ihnen die Trennung von Tat und Täter und wann vermischen Sie die beiden Aspekte? Listen Sie bitte dazu verschiedene Situationen auf und überlegen Sie sich alternative Vorgehensweisen:

Situationen, in denen Sie Tat und Täter gleichsetzen / gleichgesetzt haben	Ideen, wie in diesen Situationen die Trennung von Tat und Täter aussehen könnte

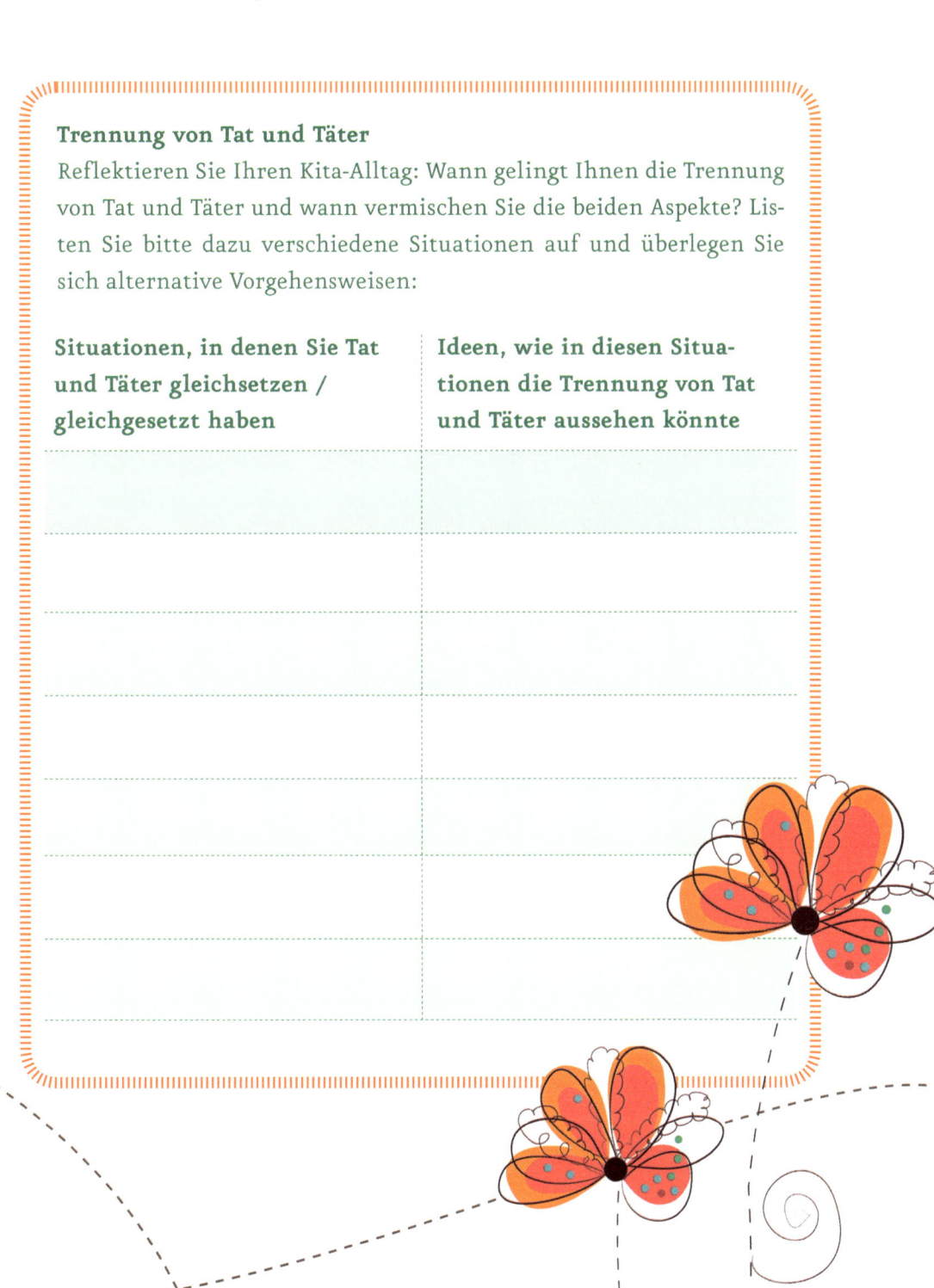

Dienstleistung kommt von dienen

Wer mit Menschen arbeitet, bietet eine Dienstleistung an. In diesem Begriff steckt das Wort „dienen". Wir bieten uns und unsere individuellen Kompetenzen an, um anderen Menschen zu dienen.

Auch die Arbeit in der Kita ist eine Dienstleistung. Als pädagogische Fachkräfte dienen Sie ganz offensichtlich den Eltern – allein durch die Betreuung ihrer Kinder. Ich mag den Gedanken, dass jede Kita und alle an der Erziehung und Bildung der Kinder Beteiligten ein modernes afrikanisches Dorf darstellen – frei nach dem Sprichwort: „Um ein Kind zu erziehen, braucht es ein ganzes Dorf." Die Betreuung und Versorgung der Kinder ist Aufgabe einer ganzen Gemeinschaft. Denken Sie zum Beispiel an das (frühere) Leben in Großfamilien.

Heute hingegen leben viele Kinder mit ihren Eltern und, wenn überhaupt, wenigen Geschwistern oft weit entfernt von Großeltern oder anderen Angehörigen. Doch Kinderbetreuung ist nicht nur die Aufgabe Einzelner; wir alle gemeinsam sind dafür verantwortlich, den Kindern eine glückliche Kindheit zu ermöglichen. Die Kita ist für mich die Manifestation dieses afrikanischen Dorfes, denn hier kümmern Sie sich um die Kinder anderer Menschen, weil Ihnen das Freude bereitet. Im Gegenzug können die Eltern für einen bestimmten Zeitraum Tätigkeiten nachgehen, für die wiederum deren Herz schlägt. Allein dieser Gedanke verändert für mich die Zusammenarbeit mit den Eltern und lässt sie entspannter werden.

> Wie verändert sich Ihr Blick auf die Eltern, wenn Sie die Kita als kleines Dorf im Sinne des afrikanischen Sprichworts betrachten?

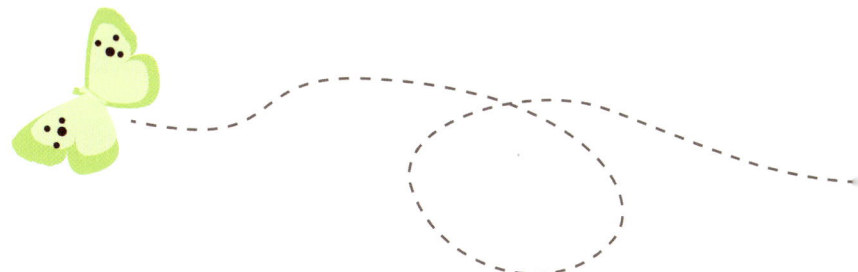

Mit Ihrer Arbeit dienen Sie jedoch nicht nur den Eltern, sondern auch den Kindern. Indem Sie das Potenzial in jedem einzelnen Kind sehen, unterstützen Sie die Kinder dabei, ihre eigene Kraft und Stärke zu erhalten oder zu erwecken.

Wenn ich mich mit einem Kind beschäftige,
habe ich zwei Empfindungen:
Zuneigung für das, was es heute ist,
und Achtung vor dem, was es werden kann.
Janusz Korczak

Die Kraft der Selbstwirksamkeit

Kinder dabei zu unterstützen, selbstbewusst und stark zu werden und auf sich selbst zu vertrauen, setzt voraus, dass auch wir das Potenzial in uns entdecken. Wenn wir uns selbst mögen, fällt es uns leichter, diese Liebe vorzuleben und weiterzugeben. Häufig fällt es leichter, sich selbstbewusst zu fühlen, wenn sowohl das Bedürfnis nach Anerkennung und Bestätigung als auch das Bedürfnis nach Selbstwirksamkeit erfüllt ist. Selbstwirksam zu sein bedeutet, mit dem eigenen Tun einen Beitrag zu leisten zum Gelingen unserer Welt und diesen auch zu erkennen. Damit wir uns als wirksam erleben können, ist es wichtig, dass wir die Ergebnisse unseres Handelns mögen. So fühlen wir uns wirksam und somit erfolgreich, wenn wir uns selbst Ziele stecken, diese erreichen und dabei stolz auf uns sind.

> **Ziele**
> Wann haben Sie sich das letzte Mal Ziele für Ihr pädagogisches Handeln gesteckt? Haben Sie aktuell ein bestimmtes Ziel vor Augen? Wenn ja, geben Sie bitte auf einer Skala von 0 bis 10 an, wie motivierend Sie dieses Ziel finden:
>
> 0 = gar nicht motivierend sehr motivierend = 10
>
>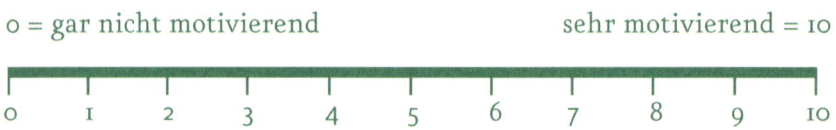

Wenn Sie bis jetzt noch kein „prickelndes" Ziel für sich entdeckt haben, geht es Ihnen wie ganz vielen anderen pädagogischen Fachkräften auch. Doch ohne Ziel ist kein Erfolg möglich, weil wir dann nicht erkennen, ob wir erfolgreich sind. Ziele fallen aber nicht vom Himmel. Sie entwickeln sich, indem wir in uns gehen und nachspüren, was uns wichtig ist, wie wir uns sehen und wann wir begeistert sind.

Im ersten Schritt reicht es völlig aus, den eigenen Alltag in den Blick zu nehmen und den Gedanken zuzulassen, dass Ziele motivationssteigernd sein können. Wir müssen keine Ziele aus dem Boden stampfen. Es geht nur darum, ein bisschen bewusster durch unseren Alltag zu gehen und mit der Zeit herausfinden, was uns wichtig ist (siehe Seite 29f.).

> **In Zielbildern baden**
> Formulieren Sie ein für Sie bedeutsames pädagogisches Ziel und stellen Sie sich vor, wie Sie arbeiten werden, wenn dieses Ziel erreicht ist. Gehen Sie dabei gedanklich durch Ihren Alltag und erleben Sie ihn so, wie er in der für Sie besten Version gestaltet sein könnte.

Indem Sie sich ausmalen, wie es werden wird, wenn Ihre Ziele erreicht sind, baden Sie sozusagen in Ihren Zielbildern und lenken mit der Zeit Ihr Unterbewusstsein in die gewünschte Richtung. Anschließend kehren Sie mit Ihren Gedanken in die Gegenwart zurück und freuen sich an dem, was heute ist. Gemäß dem Motto: Sei zufrieden, aber gib dich nicht zufrieden. Dann können Ziele wahre Motivationsbooster für Ihren Alltag sein.

Die Wirkung erhöht sich, wenn Sie sich die Zeit nehmen, im Team gemeinsam Ziele zu entwickeln. Denn gute Teamarbeit definiert sich dadurch, dass alle Kolleginnen und Kollegen gemeinsam auf dasselbe Ziel zusteuern.

So entwickeln Sie den „roten Faden" – eine gemeinsame Zielsetzung. Und damit schließt sich der Kreis zur Anfangsfrage dieses Kapitels: Wenn Sie im Team klare, gemeinsame Ziele definieren können, was Sie mit Ihrer Arbeit erreichen, welche Haltung Sie einnehmen wollen, dann ersparen Sie sich viele unnötige Diskussionen. Sie erleben Teamsitzungen als effektiv, weil es Ergebnisse gibt, die dann auch umgesetzt werden. Ziele sind folglich dazu da, Ihnen Motivation und Orientierung und somit Selbstwirksamkeit und Selbstvertrauen im Alltag zu verschaffen.

Und wenn Sie sich als wirksam erleben und sich selbst vertrauen, dann sind Sie ein Vorbild für jedes Kind. Die Kinder können von Ihnen lernen, weil Sie von Ihrem Tun begeistert sind. Und sie erleben auch, dass Erwachsensein Freude bereitet. Auf der Basis gegenseitiger Wertschätzung entdecken Sie gemeinsam mit den Kindern das einzigartige Potenzial im Anderen und in sich selbst.

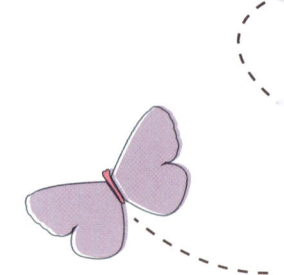

3. Die eigene Kraft nutzen – 10 Power-Tipps für den Alltag

Um in Ihrem (Berufs-)Alltag etwas zu verändern, benötigen Sie zunächst einmal die persönlichen Kompetenzen dazu. Das war der Ausgangspunkt unseres ersten Kapitels. Veränderungen in der pädagogischen Arbeit gehen außerdem einher mit einer Weiterentwicklung der pädagogischen Haltung. Deshalb stand im zweiten Kapitel die eigene Perspektive in der Arbeit mit den Kindern im Fokus. Und schließlich benötigen Sie bestimmte Skills, also praktische Fertigkeiten – das ist nun die dritte Ebene des pädagogischen Dreiklangs: Mit den folgenden Power-Tipps können Sie sich im Umgang mit sich selbst – auf liebevolle Weise – unterstützen.

Liebevoller mit uns selbst umzugehen und auf die eigene Stimme zu hören, lässt uns mit der Zeit immer achtsamer werden. So erschaffen wir den Raum, um unsere Gefühle bewusster wahrzunehmen und unsere Gedanken zu ordnen. Diese neue Achtsamkeit wirkt sich nicht nur positiv auf das Glücksempfinden aus, sie macht auch leistungsfähiger, gesünder und produktiver.

Mit ganz einfachen Methoden kann der „Achtsamkeits-Muskel" trainiert werden. Hier finden Sie eine Menge an Ideen für einen entspannten Umgang mit sich selbst. Probieren Sie einfach aus, welche dieser Übungen Ihnen sympathisch sind und Ihnen guttun. Auch hier gilt: Es gibt kein richtig oder falsch, vertrauen Sie Ihrem Gefühl.

3.1 Entspannt durch Lächeln und Lachen

Lächeln Sie in der Früh in den Spiegel –
und ich verspreche Ihnen,
da lächelt wer zurück!
Roman F. Szeliga

Es ist kaum zu glauben, was so ein einfaches Heben der Mundwinkel bewirkt. Probieren Sie aus, was absichtlich herbeigeführtes Lächeln bei Ihnen erzeugt und ob sich auch Ihre Laune auf diese Weise schlagartig verbessert. Gerade dann, wenn einem eigentlich gar nicht zum Lachen zumute ist, gilt: Fake it until you make it! Durch die Muskelbewegung beim Lächeln werden Akupressurpunkte im Gesicht massiert, und das bedingt, dass Sie fröhlicher werden. Wenn Sie Ihr Lächeln dann weiterschenken, zaubert es auch gute Laune in andere Gesichter. So entsteht nach und nach eine Wohlfühlatmosphäre in der Kita.

Lachen wirkt wie Aspirin,
nur doppelt so schnell.
Groucho Marx

Herzhaftes Lachen wirkt wie ein Jungbrunnen. Es aktiviert über 300 verschiedene Muskeln, sorgt für eine verbesserte Sauerstoffversorgung, führt zur Ausschüttung von Glückshormonen und reduziert Stress. Kleine und große Menschen profitieren gleichermaßen von intensivem Lachen. Da Kinder noch viel unbeschwerter lachen können, sind sie gute Vorbilder für uns Erwachsene. Vielleicht probieren Sie einmal Lachyoga aus – zum Beispiel das sogenannte Löwen-Lachen. Dazu spreizen Sie die Finger, halten die Hände neben ihr Gesicht, reißen den Mund auf und beginnen möglichst intensiv zu lachen. In der Gruppe kann das zu wahren Lachsalven führen.
Wenn Ihnen diese Situation fremd oder unangenehm ist, können Sie Lachen auch zuerst einmal allein für sich üben, zum Beispiel im Auto. Sie werden merken: Lautes Lachen ist so wohltuend – ein richtiger Glücksbooster.

3.2 Bewusst atmen

*Solange der Atem im Leibe wohnt,
ist Leben da.*
Hatha Pradipika

Der Atem steht in direkter Verbindung mit dem menschlichen Geist. Das können Sie zum Beispiel daran merken, dass Sie bei Angst oder Furcht viel schneller und flacher atmen als in entspanntem Zustand. Der Atem passt sich den Gedanken an. Indem wir den Atem kontrollieren und bewusst fließen lassen, kann auch der Geist zur Ruhe kommen.

Wenn wir an die Atmung denken, richten wir die Aufmerksamkeit häufig auf das Einatmen. Der bedeutsamere Aspekt ist jedoch das Ausatmen. Denn je länger wir ausatmen, umso mehr frische Luft kann dann beim automatischen Einatmen in unsere Lungen einströmen.

Bei den yogischen Atemübungen wird der Prozess des Atmens in drei Phasen unterteilt: einatmen, die Luft anhalten und ausatmen. In einem ersten Schritt geht es darum, alle drei Phasen bewusst wahrzunehmen. Anschließend können Sie damit beginnen, die Luft ganz bewusst anzuhalten. Probieren Sie es zuerst über den kurzen Zeitraum von fünf Sekunden aus und steigern Sie das Luftanhalten dann nach Ihrem Ermessen – gerne bis zu zwei Minuten. Anschließend atmen Sie jeweils kraftvoll aus. Das Einatmen erfolgt dann automatisch. Gerade in stressigen Situationen führt bewusstes und langsames Ausatmen zu neuer Gelassenheit.

3.3 Positiver Blick durch Spiegelarbeit

Die wahre Lebensweisheit besteht darin,
im Alltäglichen das Wunderbare zu sehen.
Pearl S. Buck

Ein wahrer Gute-Laune-Booster ist die sogenannte Spiegelarbeit. Indem wir in einen Spiegel schauen, können wir über unser Spiegelbild mit uns selbst in Kontakt treten. Alleine der Satz „Ich bin genug!" – von eigenem Angesicht zu Angesicht gesprochen – lässt die Seele zur Ruhe kommen.
Wenn Sie schon etwas geübter sind, können Sie ihren Geist auch über positive Aussagen, sogenannte Affirmationen, in die gewünschte Richtung lenken. Mögliche Affirmationen könnten sein: „Ich bin ein Geschenk für die Welt!", „Ich werde jeden Tag besser!", „Ich bin liebenswert, so wie ich bin!" ... Diese Spiegelarbeit können Sie zuhause im Bad oder auch im Auto (an der Ampel!) durchführen. Das Ganze hört sich jetzt vielleicht etwas gewöhnungsbedürftig an, wird aber mit jedem Tag leichter. Ich wünsche Ihnen ganz viel Freude dabei!

3.4 Immer wieder wichtig: Dankbarkeit

Das Heute jedoch – recht gelebt –
macht jedes Gestern zu einem Traum voller Freude
und jedes Morgen zu einer Vision voller Hoffnung.
Darum achte gut auf diesen Tag.
Rumi

Weil Dankbarkeit so essenziell für unser Leben ist, möchte ich hier noch einmal an unsere Übungen auf Seite 50 und 66f. erinnern:
- Es wäre schön, wenn Sie die Kraft der Dankbarkeit für sich entdecken könnten.
- Es wäre schön, wenn Sie sich durch die Konzentration auf positive Aspekte das Leben leichter machen könnten.
- Es wäre schön, wenn Sie sich dazu entscheiden, ein Dankbarkeitsjournal zu führen – weil ich aus Erfahrung weiß, wie gut das tut.

Bitte ergänzen Sie nun selbst, wenn Sie mögen:

- Es wäre schön, wenn …
- Es wäre schön, wenn …
- Es wäre schön, wenn …

3.5 Frieden beginnt bei mir

Die Fülle des Lebens
liegt in der Stille des Geistes.
Jiddu Krishnamurti

Die folgende Methode kann Sie dabei unterstützen, aus dem Gedankenkarussell im Alltag auszusteigen und gelassener zu handeln. „Frieden beginnt bei mir" heißt die Übung, die Sie innerlich ruhiger werden lässt: Tippen Sie mit dem Daumen an den Zeigefinger, den Mittelfinger, den Ringfinger und dann an den kleinen Finger derselben Hand. Während Sie Ihren Zeigefinger berühren, sagen Sie zu sich das Wort „Frieden", zum Mittelfinger gehört das Wort „beginnt", anschließend tippen Sie an Ihren Ringfinger und denken „bei", und beim kleinen Finger sagen Sie „mir". So „ankern" Sie diesen Satz an Ihre Hand. An den Fingerspitzen sitzen viele Akupressurpunkte, sodass Sie durch die Verknüpfung des Satzes mit der Druckbewegung die Wirkung erhöhen können. Und gleichzeitig ist diese Übung so unauffällig, dass sie auch zwischendurch im Alltag durchgeführt werden kann.

3.6 Einfach nur genug Wasser trinken

Alles ist aus dem Wasser entsprungen!
Alles wird durch das Wasser erhalten!
Ozean, gönn uns dein ewiges Walten!
Johann Wolfgang von Goethe

Jetzt kommt ein wirklich supereinfacher Trick, der jedoch häufig vergessen wird: Beachten Sie, ob Sie Ihrem Körper genug Wasser gönnen. Zwei bis drei Liter stilles Wasser sind die optimale Menge, mit der Sie sich jeden Tag versorgen sollten.
Vielleicht gehören Sie auch zu den Menschen, die oft zu wenig trinken und statt Durst dann Hunger verspüren? Gerade in stressigen Zeiten überlasten wir uns so schnell mit zu viel Zucker und werden – in Kombination mit dem Flüssigkeitsmangel – träge und gereizt.
Deshalb: Am besten das erste große Glas Wasser gleich nach dem Aufstehen trinken! Im weiteren Tagesverlauf hilft Ihnen dann vielleicht eine Trink-Uhr oder Sie gewöhnen sich an bestimmte Zeiten, zu denen Sie auf jeden Fall etwas trinken. Als Faustregel gilt: Jede Stunde ein Glas Wasser!

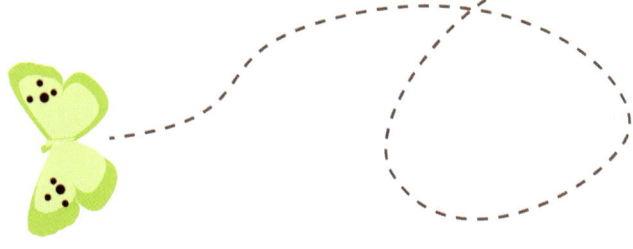

3.7 Entspannt durch Klopfen

*Lass deinen Geist still werden
wie einen Teich im Wald.
Er soll klar werden wie Wasser,
das von den Bergen fließt.*
Buddha

Die Emotional Freedom Technique (EFT) ist eine sanfte Methode, um negative Gefühle zu verwandeln. Es geht dabei darum, durch das Klopfen von sogenannten Meridian-Endpunkten (Meridiane = Energiebahnen im Körper) den Energiefluss auszugleichen. Die Übung hat folgenden Ablauf:

- Wählen Sie Ihr aktuelles Thema – zum Beispiel: Ich bin gestresst, weil wir so viele neue Kinder in der Gruppe haben.
- Definieren Sie den Grad Ihres negativen Gefühls auf einer Skala von 1 – 10 (1 = niedrig, 10 = hoch).
- Sagen Sie sich nun drei Mal den folgenden Satz vor: Auch wenn ich gestresst bin, bin ich liebenswert, so wie ich bin.
- Klopfen Sie dabei mit den Fingern der einen Hand auf die Handkante der anderen.
- Jetzt nehmen Sie einen Finger, egal welcher Hand, und klopfen mit ihm jeweils drei bis fünf Mal auf die abgebildeten Punkte (siehe Seite 136).
- Während Sie klopfen, sagen Sie dabei immer wieder: Dieser Stress. Dieser Stress. Dieser Stress.
- Wenn Sie alle Punkte geklopft haben, überprüfen Sie anhand der Skala, ob sich Ihr Stress bereits verringert hat.
- Wiederholen Sie den gesamten Ablauf so lange, bis Ihr Stresslevel auf der Skala zwischen 1 und 2 liegt; das dauert in der Regel drei bis fünf Durchgänge.

Natürlich muss es nicht immer Stress sein. Sie können diese Übung mit jedem beliebigen negativen Gefühl durchführen. Und Sie entscheiden dabei frei, ob Sie die rechte, die linke oder beide Seiten beklopfen möchten. Manchmal verändert sich das Gefühl auch während der Klopfrunden. Das Erleben von Stress wird dann zum Beispiel zu Ärger. Auch das darf sein. Dann sagen Sie statt „Dieser Stress" eben „Dieser Ärger" – oder was auch immer Ihr Gefühl ist.

Durch die Akzeptanz des negativen Gefühls in Verbindung mit der Stimulation der Meridiane kann ein positiverer Zustand erlangt werden. Ich wünsche Ihnen viel Freude beim Ausprobieren.

3.8 Der Rosarote-Brille-Trick

Das Herz gleicht einem Garten.
Es kann Mitgefühl oder Angst, Groll oder Liebe wachsen lassen.
Was für Keimlinge willst du darin anpflanzen?
Jack Kornfield

Haben Sie gewusst, dass Schauspieler sich innerhalb weniger Augenblicke kurzzeitig in einen anderen Menschen verlieben können – sogar dann, wenn sie denjenigen überhaupt nicht attraktiv oder anziehend finden? Das klappt tatsächlich und funktioniert folgendermaßen: Suchen Sie ein Merkmal beim anderen, das Sie liebenswert finden. Das kann eine Winzigkeit wie die Form seines rechten Zeigefingernagels sein. Verlieben Sie sich in dieses Merkmal und übertragen Sie das Gefühl auf die Person.

Unser Gehirn ist in der Lage, sich auf liebenswerte Aspekte zu fokussieren. Und das ist der Rosarote-Brille-Trick: Lenken Sie Ihre Aufmerksamkeit bewusst auf liebenswerte und schöne Aspekte in Ihrem Alltag und machen Sie diese für sich groß und immer größer. So werden belastende Situationen auch als immer leichter empfunden.

3.9 Der Gute-Gefühle-Turbo

*Es gibt überall Blumen für den,
der sie sehen will.*
Henri Matisse

Nehmen Sie bitte Ihre rechte Hand, legen Sie sie auf Ihre linke Schulter und klopfen Sie sich damit nun mehrmals hintereinander auf die Schulter. Dazu sagen Sie laut oder auch leise: „Das hab ich gut gemacht!" Sie können auch beide Arme in die Luft strecken, sich ganz groß machen und dann zu sich selbst sagen: „Ich bin ein Gewinner!"
Eine weitere Möglichkeit, sich gute Gefühle zu machen, ist die Chef-Haltung: Setzen Sie sich bequem auf einen Stuhl, lehnen Sie sich zurück und verschränken Sie Ihre Arme hinter dem Kopf. Halten Sie diese Stellung für zwei Minuten. Die Amerikanerin Amy Cuddy konnte zeigen, dass sich allein dadurch unser Hormoncocktail im Blut nachweislich ändert – das Stresshormon Cortisol sinkt um 20 Prozent und im Gegenzug steigen das Glückshormon Serotonin und das Aktivitätshormon Testosteron an. Je höher der Serotoninspiegel, desto leichter fällt es, die Welt positiv zu betrachten. Je höher der Cortisolspiegel, desto eher denken wir in Problemen. Folglich können wir allein durch diese Pose unsere Stressanfälligkeit deutlich reduzieren.
Sie können Ihren Körper auch durch das sogenannte Energie-Gähnen mit einer Extra-Portion Sauerstoff versorgen. Dazu massieren Sie mit Ihren Zeigefingern Ihr Kiefergelenk und gähnen ausgiebig für einige Minuten. Gerne auch „mit Originalton" und mindestens so lange, bis Ihnen ein echter, tiefer Gähner gelingt.

3.10 Gute Gefühle schenken

*Nicht was wir erleben,
sondern wie wir empfinden,
was wir erleben,
macht unser Schicksal aus.*
Marie von Ebner-Eschenbach

Abschließend möchte ich Ihnen noch eine Methode an die Hand geben, mit der Sie die Stimmung und die Zusammenarbeit im Team nachhaltig verbessern können. Schenken Sie sich reihum im Team eine positive Rückmeldung, Ermutigung oder Bestätigung, indem Sie ein „Wertschätzungs-Kärtchen" schreiben. Darauf könnte zum Beispiel stehen: „Ich mag an dir, dass du so geduldig bist!" oder „Vielen lieben Dank für deine Unterstützung!" … Damit stärken Sie sich gegenseitig und tragen viel zu einer vertrauensvollen Beziehung bei.

Zur Umsetzung dieser Methode bekommt jede Fachkraft eine bestimmte Anzahl an Kärtchen oder Notizzettel – abhängig von der Anzahl der Teammitglieder – und hat dann zwei Wochen Zeit, die positiven Botschaften zu schreiben und zu verschenken. Wer keine Zettelchen mehr hat, kann sich jederzeit neue holen. Nach 14 Tagen gibt es dann in jedem Fall wieder unbeschriebene Wertschätzungs-Kärtchen für alle. Sie müssen hier nicht penibel darauf achten, dass jeder Kollege und jede Kollegin bei jedem Durchgang immer eine Karte bekommt – nur sorgen Sie gemeinsam dafür, dass niemand grundsätzlich leer ausgeht.

Schon nach wenigen Wochen werden Sie bemerken, dass sich die Stimmung im Team positiv verändert. Behalten Sie dieses Ritual trotzdem weiter bei und hören Sie im besten Fall nie wieder damit auf. Denn positives Feedback tut so gut und verleiht Flügel!

Danke

Von ganzem Herzen bedanke ich mich bei all den Menschen, die an der Entstehung dieses Buches bewusst oder unbewusst beteiligt waren. Zunächst gilt mein Dank allen Teilnehmerinnen und Teilnehmern meiner Fortbildungen. In der Zusammenarbeit mit ihnen durfte ich jeden Tag unendlich viel lernen! Danke auch an jeden Einzelnen, dem es genau wie mir ein Bedürfnis ist, die Welt für große und kleine Kinder schöner zu machen. Ich danke Wiebke Lüth und Marc Pletzer: Ihr habt mir meine großen Bilder zurückgegeben. Danke Martin Limbeck, dass ich von Deinem Netzwerk profitieren durfte. Mein großer Dank geht an Ute Flockenhaus – ohne sie wäre das Buch nicht, was es heute geworden ist.

Und dann geht mein inniger Dank an meine Eltern – danke, dass Ihr immer an mich geglaubt und mich unterstützt habt. Zu guter Letzt: ein großes Danke an meinen Mann Bernd und meine Kinder Felix, Anja, Jakob und Johannes. Danke für Euren Zuspruch, Eure Unterstützung, Euer Vertrauen und das fantastische Leben, das ich mit Euch verbringen darf.

Literatur

Aarts, Maria (2009): Marte Meo – ein Handbuch. 2. Auflage. Eindhoven: Aarts Productions.

Adler, Alfred (2008): Der Sinn des Lebens. Köln: Anaconda.

Bender, Peter & Bender, Annegret (2015): Lehrbuch der Marte Meo Methode. 4. Auflage. Göttingen: Vandenhoeck & Ruprecht.

Birkenbihl, Vera (2013): Stroh im Kopf. München: MVG.

Buchner, Christina (2004): Der Räuber Thalamus und andere Geschichten. Kirchzarten: VAK.

Chade-Meng, Tan (2015): Search inside yourself. München: Goldmann.

Cohn, Ruth (2001): Es geht ums Anteilnehmen. Freiburg: Herder.

Cuddy, Amy: https://www.ted.com/.../amy_cuddy_your_body_language_shape…

Frädrich, Stefan (2011): Das Günter-Prinzip. Offenbach: Gabal.

Grossmann, Karin & Grossmann, Klaus E. (2004): Bindungen – das Gefüge psychischer Sicherheit. Stuttgart: Klett-Cotta.

Hartmann, Alexander (2015): Mit dem Elefant durch die Wand. München: Ariston.

Heer, Dain (2014): Sei du selbst und verändere die Welt. Berlin: Scorpio.

Henneberg, Rosi; Klein, Lothar & Schäfer, Gerd E. (2011): Das Lernen der Kinder begleiten. Seelze: Kallmeyer.

Hüther, Gerald (2013a): Jedes Kind ist hochbegabt. München: btb.

Hüther, Gerald (2013b): Was wir sind und was wir sein könnten: Ein neurobiologischer Mutmacher. 7. Auflage. Berlin: Fischer.

Hüther, Gerald (2014): Was es braucht, damit das Lernen ein Leben lang glücklich macht. Mülheim: Auditorium Netzwerk.

Hüther, Gerald (2015): Etwas mehr Hirn bitte. Göttingen: Vandenhoeck & Ruprecht.

Kühn, Trudi u.a. (2016): Step – das Elternbuch. 9. Auflage. Weinheim: Beltz.

Liebertz, Charmaine (2009): Schatzbuch des Lachens. München: Don Bosco.

Nelson, Portia (1993): There`s a Hole in my Sidewalk. The Romance of Self-Discovery. © Portia Nelson. Reprinted with the permission of Beyond Words/Atria, a division of Simon & Schuster, Inc.

Oerter, Rolf & Montada, Leo (1998): Entwicklungspsychologie. 4. Auflage. Weinheim: Beltz.

Purps-Pardigol, Sebastian (2015): Führen mit Hirn. Frankfurt/M.: Campus.

Rankin, Lisa (2015): Mind over Medicine. München: Kösel.

Rosenberg, Marshall (2012): Gewaltfreie Kommunikation. Eine Sprache des Lebens. 10. Auflage. Paderborn: Junfermann.

Schulz von Thun, Friedemann (2007): Miteinander reden. Band 2. Stile, Werte und Persönlichkeitsentwicklung. 28. Auflage. Reinbek bei Hamburg: Rowohlt.

Spitzer, Manfred (2007): Lernen. Gehirnforschung und die Schule des Lebens. Berlin/Heidelberg: Spektrum Akademischer Verlag.

Stewart, Ian & Joines, Vann (2015): Die Transaktionsanalyse. 25. Auflage. Freiburg: Herder.

Strelecky, John (2009): Big Five for Life. München: dtv.

Tolle, Eckhart (2010): Jetzt. 3. Auflage. Bielefeld: Kamphausen.

Videoanleitungen

Zu den folgenden Übungen
- Emotional Freedom Technique (EFT)
- Aus schlechten Gefühlen gute Gefühle machen
- Ankern
- Power-Posen

haben wir für Sie Video-Tutorials erstellt.

Diese finden Sie unter:

Uli Bott ist die Gründerin des Fortbildungsinstituts ubstairs! einfach.glücklich.wachsen. Die Diplom-Pädagogin und vierfache Mutter ist fest davon überzeugt: Wenn die Erzieher glücklich sind, geht es den Kindern gut! Gleichwohl stehen Kitas und pädagogische Fachkräfte derzeit vor immensen Herausforderungen. Deshalb unterstützt sie seit 2007 pädagogische Fachkräfte in der persönlichen und fachlichen Weiterentwicklung.

Als Dozentin, Kommunikationstrainerin, systemischer Coach und Fachberatung bietet sie Fort- und Weiterbildungen an, begleitet Kitas im Teambuilding, coacht Leitungskräfte, berät Träger und setzt sich für die Verbreitung der bedürfnisorientierten Pädagogik ein.

Weitere Infos unter: www.ubstairs.de und www.ulibott.de